禅解儒道丛书

[明]憨山 著 ◎ 梅愚（点校）

庄子内篇注

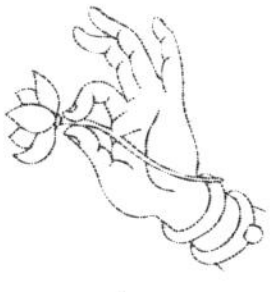

長江出版傳媒
崇文書局

图书在版编目（CIP）数据

庄子内篇注 / （明）憨山著；梅愚点校. 一武汉：崇文书局，2015.9（2025.1重印）

ISBN 978-7-5403-3996-8

Ⅰ. ①庄… Ⅱ. ①憨… ②梅… Ⅲ. ①道家 ②《庄子》一研究 Ⅳ. ①B223.55

中国版本图书馆 CIP 数据核字（2015）第 197250 号

我思

敢于运用你的理智

庄子内篇注

出版发行 崇文书局有限公司
（武汉市雄楚大街 268 号 · 湖北出版文化城 C 座 11 层 430070）
营销电话 027-87293001 传真：027-87679712
印　　刷 武汉中科兴业印务有限公司
开　　本 880 × 1230 毫米 1/32
印　　张 5
字　　数 90 千字
版　　次 2015 年 9 月第 1 版
印　　次 2025 年 1 月第 10 次印刷
书　　号 978-7-5403-3996-8
定　　价 24.00 元

整理说明

一、本书以清光绪十四年（1888 年）金陵刻经处刊本为底本。附录《憨山绪言》，乃憨山最早有关三教会通之论述，以《龙藏》中《憨山大师梦游全集》卷四十五所收的《憨山绪言》为底本。

二、原书为繁体竖排，文中已有分段；今改为简体（为避免歧义，保留了若干异体字、通假字）横排，并依文义对原有分段予以细化，且施以现代标点。校正字词有讹误者，于脚注中标出。

三、书中《庄子内篇》原文依据憨山的“注”进行句读。

四、本书共七篇，金陵刻经处刊本分为四卷，即《逍遥游》为卷一、《齐物论》和《养生主》为卷二、《人间世》和《德充符》为卷三、《大宗师》和《应帝王》为卷四。

五、《庄子内篇》中的每一篇，憨山分为若干节予以注释。为方便阅读，本书在憨山所分的每一节前添加篇和节的序号，如“1.1”表示《庄子内篇》原文的第一篇之第一节。附录《憨山绪言》共 79 条，每条前添加序号。

目　录

《庄子》一书，乃《老子》之注疏。予尝谓老子之有庄，如孔之有孟。若悟彻老子之道，后观此书，全从彼中变化出来。以其人宏才博辩，其言洸洋自恣，故观者如捕风捉影耳，直是见彻他立言主意，便不被他瞒矣。

一部全书，三十三篇，只内七篇，已尽其意，其外篇皆蔓衍之说耳。学者但精透内篇，得无穷快活，便非世上俗人矣。其学问源头，《影响论》发明已透，请细参之。*

---

* 这两段文字，乃憨山对《庄子内篇注》的一个总交代，金陵刻经处刊本排于“庄子内篇注卷之一”之后，“逍遥游第一”之前，今移至此处。

庄子内篇注卷之一

逍遥游第一

此为书之首篇。庄子自云："言有宗，事有君。"即此便是立言之宗本也。

逍遥者，广大自在之意，即如佛经无碍解脱。佛以断尽烦恼为解脱，庄子以超脱形骸、泯绝知巧、不以生人一身功名为累为解脱，盖指虚无自然为大道之乡，为逍遥之境，如下云"无何有之乡"、"广漠之野"等语是也。意谓唯有真人，能游于此广大自在之场者，即下所谓"大宗师"，即其人也。

世人不得如此逍遥者，只被一个"我"字拘碍，故凡有所作，只为自己一身上求功求名。自古及今，举世之人，无不被此三件事，苦了一生，何曾有一息之快活哉？独有大圣人，忘了此三件事，故得无穷广大自在、逍遥快活。可悲世人，迷执拘拘，只在"我"一身上做事。以所见者小，不但不知大道之妙，即言之而亦不信，如文中"小知不及大知"等语，皆其意也。

故此篇立意，以"至人无己、圣人无功、神人无名"为骨子，立定主意，只说到后，方才指出，此是他文章变化鼓舞处。学者若识得立言本意，则一书之旨了然矣。

1.1 北冥 北海，乃玄冥处也。**有鱼，其名为鲲。鲲之大，不知其几千里也。化而为鸟，其名为鹏。鹏之背，不知其几千里也。怒而飞，其翼若垂天之云。是鸟也，海运则将徙于南冥。南冥者，天池也。**

庄子立言，自云“寓言十九，重言十七，卮言日出，和以天倪”，一书之言，不出三种。若此鲲鹏，皆寓言也，以托物寓意以明道，如所云譬喻是也。此逍遥主意，只是形容“大而化之之谓圣”，惟圣人乃得逍遥，故撰出鲲鹏，以喻“大而化之”之意耳。

北冥，即北海，以旷远非世人所见之地，以喻玄冥大道。海中之鲲，以喻大道体中，养成大圣之胚胎。喻如大鲲，非北海之大，不能养也。鲲化鹏，正喻“大而化之之谓圣”也。然鲲虽大，乃块然一物耳，谁知其大？必若化而为鹏，乃见其大耳。鹏翼若垂天之云，则比鲲在海中之大，可知矣。

怒而飞者，言鹏之大，不易举也，必奋全体之力，乃可飞腾。以喻圣人，虽具全体，向沉于渊深静密之中，难发其用，必须奋全体道力，乃可舍静而趋动，故若鹏之必怒而后可飞也。圣人一出，则覆翼群生，故喻鸟翼若垂天之云，此则非鲲可比也。海运，谓海气运动，以喻圣人乘大气运以出世间，非等闲也。将徙，徙者，迁也。南冥，犹南明，谓阳明之方，乃人君南面之喻。谓圣人应运出世，则为圣帝明王，即可南面以临莅天下也。

后之《大宗师》即此之圣人，《应帝王》即徙南冥之意也。所谓“言有宗，事有君”者，正此意也。

1.2 《齐谐》者，志怪者也。《谐》之言曰："鹏之徙于南冥也，水击三千里，抟扶摇而上者九万里，去以六月息者也。"

庄子意谓，鲲鹏变化之说，大似不经，恐人不信，故引此以作证据，谓我此说，非是漫谈，乃我得之于《齐谐》中也。

问曰：《齐谐》是何等书？曰：乃志怪之书，所记怪异之事者也。故《谐》之有言曰："鹏之徙于南冥也，水击三千里。"言翼击海水，振荡三千里，则其大可知。扶摇，大风也。以翼抟大风，以飞而上者，一举而九万里之远，则其大益可知已。六月，周六月，即夏之四月，谓盛阳开发，风始大而有力，乃能鼓其翼。息，即风也，意谓天地之风，若人身中之气息。此笔端鼓舞处，以此证之，则言可信也。

1.3 野马也，尘埃也，生物之以息相吹也。天之苍苍，其正色耶？其远而无所至极耶？其视下也，亦若是则已矣。

此言大而又大之意也。

野马，泽中阳焰，不实之物。尘埃，日光射隙，以照空中之游尘。生物以息相吹，言世之禽鸟虫物以息相吹，谓气息之微也。

苍苍者，非天之正色，乃太虚寥远，目力不及之地也。意谓鹏鸟之大，可谓大矣，然在太虚寥廓之上，而下视之，一似野马、尘埃而已，眇乎小哉。即扶摇之大风以鼓之，亦若生物之以息相吹、相嘘而已，何有于大哉？故曰“其视下也，亦若此已矣”，意谓圣人之大虽大，亦落有形，尚有体段；而虚无大道无形，不可以名状，又何有于此哉？此即以圣人之所以逍遥者，以道不以形也。

1.4　且夫水之积也不厚，则其负大舟也无力。覆杯水于坳堂凹处也。**之上，则芥为之舟；**谓芥子大舟也。**置杯焉则胶，**胶，粘着也。谓坳堂之上，不过杯水，止可以芥子大[1]舟则浮；若以杯为舟，则胶粘不动矣。**水浅而舟大也。风之积也不厚，则其负大翼也无力。故九万里，则风斯在下矣，**谓鹏能一飞九万里者，则是风在下而鹏在上，鼓之负之，乃可远举；若风小，则无力，不能举矣。**而后乃今培风；背负青天**大风在下，大鹏培在风上，使得背负青天，乃不堕落。**而莫之夭阏者，**夭，中道而折也。阏，壅滞而不行也。言得此大风培送大鹏，一举九万里远，直至南冥，而不中路夭折、壅滞也。**而后乃今将图南。**言必有此大风，然后方敢远谋图南之举；风小，则不敢轻举也。

此一节，总结上鲲鹏变化图南之意，以暗喻大圣必深畜厚养，而可致用也。

---

①“大”，宜作“为”。

意谓北海之水不厚，则不能养大鲲；及鲲化为鹏，虽欲远举，非大风培负鼓送，必不能远至南冥。以喻非大道之渊深广大，不能涵养大圣之胚胎；纵养成大体，若不变化，亦不能致大用；纵有大圣之作用，若不乘世道交兴之大运，亦不能应运出兴，以成广大光明之事业。是必深畜厚养，待时而动，方尽大圣之体用。故就在水上风上，以形容其厚积。

然水积本意，说在鲲上，今不说养鱼，则变其文曰“负舟”，乃是文之变化处，使人捉摸不住。若说在鲲上，则板拙不堪矣。意笑世人轻薄浅陋，口耳之学，又无积德深厚，何敢言其功名事业也。

1.5　蜩小寒蝉也。**与学鸠**学飞之小鸠也。**笑之曰：“我决起**尽力而飞也。**而飞，抢**撞也。**榆枋，时则不至，而控**投也。**于地而已矣，奚**何也。**以之九万里而南为？”适**往也。**莽苍**一望之地也。**者，三餐而反，腹犹果**实也，谓尚饱也。**然；适百里者，宿舂粮；适千里者，三月聚粮。之二虫又何知！**

此喻小知不及大知。谓世俗小见之人，不知圣人之大，犹二虫之飞，抢榆枋则已极矣，故笑大鹏，要九万里何为哉？此喻世人小知，取足一身口体而已，又何用圣人之大道为哉？

庄子因言，世人小见，不知圣人者，以其志不远大，故所畜不深厚，各随其量而已。故如往一望之地，则不必畜粮，一饭而往返，尚饱。此喻小人以目前而自足也。适百里者，其志少远，故隔宿舂粮；若往千里，则三月聚粮，以其志渐远，所养渐厚。此二虫者，生长榆枋，本无所知，亦无远举之志，宜乎其笑大鹏之飞也。举世小知之人，盖若此。

1.6　小知不及大知，以上二虫，以喻小知之人。**小年不及大年，**此以小年大年，又比小知大知也。**奚以知其然耶？朝菌**粪壤之菌，朝生夕枯。**不知晦朔，**一月也。**蟪蛄**夏虫也。**不知春秋，此小年也。楚之南有冥灵**神龟也。**者，以五百岁为春，五百岁为秋；上古有大椿者，以八千岁为春，八千岁为秋。**此大年也。**而彭祖**有寿之人。**乃今以久**寿也。**特闻，众人匹之，不亦悲乎！**

此因二虫之不知大鹏，以喻小知之人不知圣人之广大，以各尽其量，无怪其然也。如朝菌、蟪蛄，岂知有冥灵、大椿之寿哉？且世人只说彭祖八百岁，古今独有一人，而众人希比其寿。以彭祖较大椿，则又可悲矣。世人小知，如是而已。

1.7　汤之问棘汤之贤相也。**也是已：**言小知不及大知，即汤之问棘，便是此事也。**"穷发**不毛之地也。**之北，有冥海者，天池也。**要显北冥、南冥，都是海，故此著"天池"字。**有**

鱼焉，其广数千里，未有知其修长也。者，其名为鲲。有鸟焉，其名为鹏，背若泰山，翼若垂天之云，抟扶摇羊角旋风也。而上者九万里，绝云气，云在半空，而鹏飞负天，故云“绝云气”。负青天，然后图南，且适南冥也。斥鴳斥，泽名。鴳，泽中小鸟也。笑之曰：‘彼且奚适也？我腾跃而上，不过数仞七尺曰仞。而下，翱翔蓬蒿之间，此亦飞之至也，而彼且奚适也？’”此小大之辨也。

前引《齐谐》，以证鲲鹏之事；此复引汤之问棘，以证小知大知之事。言上说“小知不及大知”之说，即汤之曾问于棘者，便是此事。然且即举鲲鹏，不但证其鱼鸟之大，抑且证明小大之辨，故一引而两证之，其事同而意别也。故下文即明小大之不同。

1.8 故夫故夫者，承上义而言也。知效一官，行比用也。一乡，德才也。合一君，而征所信也。一国者，其自视也，亦若此矣。亦若斥鴳之自足也。而宋荣子犹然笑之。宋荣子，宋之贤人也。笑，谓彼四等人，汲汲然以才智以祈一己之浮名者。且举世而誉之而不加劝，举世而非之而不加沮，沮，丧气失色也。定乎内外之分，辨乎荣辱之境，斯已矣。言宋荣子所以笑彼汲汲于浮名者，其自处以能忘名，故举世誉之而不加劝，举世非之而不加沮。此但定其内之实德在己，外之毁誉由人，故不以毁誉少动其心，以知荣辱与己无预，如此而已矣。彼其

于世，未数数然也。言宋荣子所以能忘毁誉者，但不汲汲以求世上之虚名耳。**虽然，犹有未树也。**言未有树立也，以但能忘名，未忘我。**夫列子御风而行，泠然**轻举貌。**善也，旬有五日而后返。彼于致福者，未数数然也。此虽免乎行，犹有所待者也。**列子虽能忘祸福，未能忘死生，以形骸未脱，故不能与造物游于无穷，故待风而举，亦不过旬五日而即返，非长往也。**若夫乘天地之正，**正，天地之本也，如"各正性命"之"正"。**而御六气之辩，**乘天地，则宇宙在手。六气者，阴、阳、风、雨、晦、明，乃造化之气也。御六气，则造化生乎身，是乘大道而游者也。**以游无穷者，彼且恶乎待哉？**彼圣人乘大道而游，与造化混而为一，又何有待于外哉？**故曰：至人无己，神人无功，圣人无名。**至人、神人、圣人，只是一个圣人，不必作三样看，此说能逍遥之圣人也。以圣人忘形绝待，超然生死，而出于万化之上，广大自在，以道自乐，不为物累，故独得逍遥，非世之小知之人可知也。

庄子立言本意，谓古今世人无一得逍遥者，但被一个血肉之躯、为我所累，故汲汲求功求名，苦了一生，曾无一息之快活；且只执著形骸，此外更无别事，何曾知有大道哉？唯大而化之之圣人，忘我、忘功、忘名，超脱生死，而游大道之乡，故得广大逍遥自在，快乐无穷。此岂世之拘拘小知可能知哉？正若蜩鸠、斥鴳之笑鲲鹏也。主意只是说，圣人境界不同，非小知能知，故撰出鲲鹏变化之事，惊骇世人之耳目，其实皆寓言以惊俗耳。初起且说别事，直到此方拈出本意，以“故曰”一句结了。此乃文章机轴之妙，非大胸襟无此气概，学者必有所养，方乃知其妙耳。

此上乃寓言，下乃指出忘己、忘功、忘名之圣人，以为证据。

1.9 尧让天下于许由，尧以治天下为己功，今让与许由，乃见忘己、忘功之实。**曰：“日月出矣，而爝火**尧自喻爝火，以许由比日月。**不息，其于光也，不亦难乎！**爝火之光，难比日月。**时雨降矣，**以比许由。**而犹浸灌，**浸灌劳力而功小，以自比也。**其于泽**润也。**也，不亦劳乎！**此自见其功不足居也。**夫子立而天下治，**言许由立地之间，天下自治。**而我犹尸**主也。**之，吾自视缺然。**言有许由如此之圣人，返隐而不出，而我自愧如此，犹居人君之位，今乃自知缺然也。**请致天下。”**然尧虽能让天下，则能忘己、忘功，尚未忘让之之名，如宋荣子之笑世也。**许由曰：“子治天下，**今子治天下。**天下既已治也。**天下既治则已，又何求人哉？**而我犹代子，吾将为名乎？**言天下已治，乃尧之功也。今让与我，是我无功而虚受人君之名也。我岂为名之人乎？**名者，实之宾也，吾将为宾乎？**名自实有，今我无实而有名，是我全无实德而专尚名而处宾。吾岂处宾不务实之人乎？**鹪鹩**小鸟也。**巢于深林，不过一枝；偃鼠饮河，**

不过满腹。此许由虽能忘名，而未能忘己，如鷦鷯之一枝，偃鼠之满腹，皆取足一己之意，正似列子御风而未能忘形。若姑射神人，则无不忘矣。**归**，句。此斥尧速归也。**休乎**，句。此止尧，再不必来也。**君**，句。此一字冷语，意谓你只见得人君尊大也。**予无所用天下为！**言我要天下作何用也！**庖人虽不治庖，尸祝**巫祝之人，不离樽俎。**不越樽俎而代之矣。"**此二句乃许由掉臂语，谓尧不治天下，如庖人不治庖，只该寻要天下的人，不可寻尸祝。我非其人，岂弃我之所守而往代之耶？

因前文以"宋荣子"一节，有三等人，以明忘己、忘功、忘名之人。此一节，即以尧让天下，虽能忘功，而未忘让之之名；许由不受天下，虽能忘名，而取自足于己，是未能忘己。必若向下，姑射之神人，乃大而化之之神人，兼忘之大圣，以发明逍遥之实证也。

1.10　肩吾问于连叔曰："吾闻言于接舆，大而无当，言大无实。**往而不返**。言只任语去，而不反求果否也。**吾惊怖其言，犹河汉而无极也，大有迳庭，**二字皆去声，谓过当也。**不近人情焉。"**肩吾信不及处，信是小知小见也。**连叔曰："其言谓何哉？"**问所说何事也。**曰："藐**极远也。**姑射**山名。**之山，有神人居焉。肌肤若冰雪，**言肢体清莹也。**淖约**

美好也。**若处子；**谓颜色美好，如室中女也。**不食五谷，吸风饮露；**言以风露为食也。**乘云气，御飞龙，而游乎四海之外；**言已超脱人世，乘云御龙，而遨游于六合之间也。**其神凝，**定也。**使物不疵疠**言所至则能福民也。**而年谷熟。**言所经则和气风雨及时也。**吾以是狂**诳也。**而不信也。”**我谓绝无此等人，定是诳语，故不信也。**连叔曰：“然，**然其不信处。**瞽者无以与乎文章之观，聋者无以与乎钟鼓之声。岂唯**不但也。**形骸有聋盲哉？夫知亦有之。**言肩吾之智，若聋瞽无所知见，故不信此说耳。**是其言也，**此聋瞽之言。**犹时**是也。**女也。**聋盲之言，即是女也。**之人也，之德也，**此神人之妙用。**将磅礴万物，**与万物混而为一也。**以为一。世蕲乎乱，**治也，言此等人与造物同游，无心于出世，则为一世之福，而求乎以治。**孰弊弊**汲汲劳悴心之貌。**焉以天下为事！**言此人岂肯汲汲劳心，以治天下为事哉？**之人也，**言此人。**物莫之伤，**言已脱形骸，无我与物对，故物莫能伤，即老子云“以其无死地”焉。**大浸**大水也。**稽天**稽，至也，言滔天之水。**而不溺，大旱金石流、**流金烁石，言热之极也。**土山焦而不热。**不溺、不热，乃不能伤处。**是**言此人。**其尘垢**犹土苴也。**秕糠，**乃谷之粗皮，非精实也。**将犹陶铸尧舜者也，**言此人之德，即土苴、秕糠最粗者，尚能做出尧舜之事业，况其精神乎。**孰肯以物为事！”**言此神人之德如此，谁肯弊弊以物为事。

此一节，释上乘天地、御六气之至人、神人、圣人之德如此，即下所称“大宗师”者。若此等人迫而应世，必为圣帝明王，无心御世，无为而化，其土苴绪余以为天下国家。决不肯似尧舜，弊弊焉以治天下为事。极言其无为而化世者，必是此等人物也。

1.11　宋人资货卖也。**章甫而适诸越，**宋人以章甫为贵重，故往资之。**越人断发文身，无所用之。**宋人自以章甫为贵，而不知越人为无用也。此喻尧以天下为贵，特让许由，而不知由无用天下为，大似越人断发文身，以章甫为无用也。**尧治天下之民，平海内之政，往见四子**即啮缺、披衣、王倪之类。**藐姑射之山，汾水**尧之都也。**之阳，窅然**茫然自失之貌。**丧其天下焉。**

此一节，释上尧让天下与许由，许由不受，意谓由虽不受尧之天下，却不能使尧忘其天下，且不能忘让之名，以由未忘一己故也。今一见神人，则使尧顿丧天下，此足见神人御世，无为之大用。一书立言之意，尽在此一语，不但为逍遥之结文而已也。

庄子文章，观者似乎纵横洸洋自恣，而其中属意精密严整之不可当，即《逍遥》一篇，精意入神之如此。逍遥之意已结，所谓寓言、重言，而后文乃卮言也。大似诙谐戏剧之意，以发自己心事。谓人以庄子所言，大而无用，但人不善用，不知无用之用为大用，故假惠子以发之。

1.12 **惠子谓庄子曰：“魏王遗**馈也。**我大瓠之种，**惠子魏人，故言魏王。**我树之成而实五石。**瓠之子有五石之多，言其大如此。**以盛水浆，其坚**重也。**不能自举**言一人举不动。**也；剖之以为瓢，则瓠落**言廓落之大，没处安顿。**无所容。非不呺然**大貌。**大也，吾为其无用而掊之。”**言击碎之也。**庄子曰：“夫子固拙于用大矣。**言惠子不能善用其大也。**宋人有善为不龟**音均，言寒冻，手背皮皲裂，如龟背之纹也。**手之药者，**言能治使手不皲裂之药者。**世世以洴澼**漂洗也。**絖**旧棉絮也。**为事。**言因有不裂手之药，故世世以此为业。**客闻之，请买其方百金。**客闻其方妙，故重价买之。**聚族而谋曰：‘我世世为洴澼絖，不过数金；**所获之利薄。**今一朝而鬻技百金，**言虽一旦而得厚利，且不损己。**请与之。’**不知客所用大也。**客得之，以说**去声。**吴王。越有难，吴王使之将。**使得方之人以为将。**冬，与越人水战，大败越人，**言吴有此药，故士卒能兵；越无之，故败也。**裂地**列土以封。**而封之。**言以此药，致封侯也。**能不龟手，一也；或以封，或不免于洴澼絖，则所用之异也。**庄子以此喻惠子不善用其无用也。**今子有五石之瓠，何不虑**思其可用处。**以为大樽**以瓠为度水之樽，如今之渔舟小儿背瓠，可知也。**而浮于江湖，**此以所用之大也。**而忧其瓠落无所容，则夫子犹有蓬之心**蓬有心而不通，此嘲惠子一窍不通，正卮言也。**也夫。”**

此一节，庄子以自创逍遥神人之说，以明无用之大用，盖亦有自寓己意，言世无所知也。惠子乃庄子生平相契之友，故托嘲调以见己意。盖亦言其虽有圣人，必须举世有见知者，而后乃得见用于当世也。言虽戏剧，而心良苦矣。此等文，要得其趣，则不可以正解，别是一种风味，所谓“诗有别趣”也。后诸篇中，似此寓意者多，学者不可不知也。前虽说不善用其大，尚未说无用之用，故下文以大树发之。

1.13　惠子谓庄子曰：“吾有大树，人谓之樗。樗散，无用之木。**其大本**树大身也。**拥肿而不中绳墨，**言不材之甚。**其小枝卷曲而不中规矩。**言不可裁取也。**立之涂，**喻当要路。**匠者**喻当世执政之人。**不顾。**喻不为世所采录也。**今子之言，大而无用，**言虽大而无实用。**众所同去**言为众人所共弃也。**也。”庄子曰：“独不见狸狌乎？**庄子因惠子说大而无用，遂将狐狸、野猫之小巧，以比惠子并世用小知者，皆不得其死。**卑身而伏，以候敖者；**以比小知之人，卑身谄求以取功利，俟其机会，如狸狌之伏身，以候敖者。**东西跳梁，不避高下；**以喻[1]世人无知，但知求利，恣肆妄行，不避利害。**中于机辟，**此机辟，以取狸狌者。**死于罔罟。**以罔罟罗取狸狌，因不避高下，故堕死于机罔之中，以喻世人之恃知求利名者，亦若此而已。**今夫斄牛，**南方山中，有此大牛。**其大若垂天之云，**斄牛虽大，未必如此，

①“喻”，原作“踰”。

乃卮言也。**此能为大矣，而不能执鼠**。言斄牛之大，纵若垂天之云，能如此大，亦不能执鼠。言其至大，不能就其屑小也。**今子有大树，患其无用**，言既有此大树，不必患其无用，任他无用。**何不树之于无何有之乡**，此庄子自喻也。然虽大而无用，但你世人亦不必用，但任放之于无用之地，有何不可。**广莫之野**，此句与“无何有”，皆喻大道之乡也。**彷徨**游行自得也。**乎无为其侧，逍遥乎寝卧其下**。言至人无用而任与道游，则行住坐卧，乐有余地，又何患焉。**不夭斤斧**，大树本已不材，而又树之无人之境，斧斤不伤，以喻圣人无求于世，故不为世所伤害也。**物无害者**，以无用且不置人前，何害之有哉？**无所可用，安所困苦哉！”**

此篇托惠子以嘲庄子之无用，庄子因嘲惠子以小知求名求利之为害，似狸狌之不免死于罔罟。若至人无求于世，固虽无用，足以道自乐，得以终其天年，岂不为全生养道之大用，是则无用又何困苦哉？此虽卮言，足见庄子心事自得之如此，岂世之小知之人能知耶？

庄子内篇注卷之二

齐物论第二

物论者，乃古今人物众口之辩论也。盖言世无真知大觉之大圣，而诸子各以小知小见为自是，都是自执一己之我见，故各以己得为必是。既一人以己为是，则天下人人皆非，竟无一人之真是者。大者则从儒墨两家相是非，下则诸子众口，各以己是而互相非，则终竟无一人可正齐之者，故物论之难齐也久矣，皆不自明之过也。

今庄子意，若齐物之论，须是大觉真人出世，忘我忘人，以真知真悟，了无人我之分，相忘于大道，如此则物论不必要齐而是非自泯。了无人我是非之相，此齐物之大旨也。篇中立言以忘我为第一，若不执我见、我是，必须了悟自己本有之真宰，脱却肉质之假我，则自然浑融于大道之乡，此乃齐物之功夫。必至大而化之，则物我两忘，如梦蝶之喻，乃齐物之实证也。

篇中以三籁发端者，盖籁者犹言机也。地籁，万籁齐鸣，乃一气之机，殊音众响，而了无是非。人籁，比竹虽是人为，曲屈而无机心，故不必说。若天籁，乃人人说话，本出于天机之妙，但人多了一我见，而以机心为主宰，故不比地籁之风吹，以此故有是非之相排。若是忘机之言，则无可不可，何有彼此之是非哉？此立言之本旨也。老子云：“天地之间，其犹橐籥乎？虚而不屈，动而愈出；多言数穷，不如守中。”此《齐物》分明是其注疏，以此观之则思过半矣。

2.1　南郭子綦 子綦乃有道之士，隐居南郭。**隐几而坐，** 端居而坐，忽然忘身，如颜子之心斋，此便是齐物论之第一工夫。**仰天而嘘，** 因忘身而自笑也。**嗒焉** 解体貌，言不见有身也。**似丧其耦。** 此言色身乃真君之耦耳，今忽焉忘身，故言似丧其耦。**颜成子游** 子綦之弟子。**立侍乎前，曰：“何居乎？** 言先生何所安心，乃如此乎？**形固可使如槁木，** 子綦既已忘形，则身同槁木。**而心固可使如死灰乎？** 形忘而机自息，故心若死灰。子游言：“形与心，固可如槁木、死灰乎？”**今之隐几者，非昔之隐几者也？”** 言昔见隐几，尚有生机；今则如槁木、死灰，比昔大不相侔矣。**子綦曰：“偃，** 子游名。**不亦善乎而问之也！** 言问之甚不善也。**今者吾丧我，** 吾，自指真我；丧我，谓长忘其血肉之躯也。**汝知之乎？”** 言汝岂知“吾丧我”之意乎？

此齐物，以“丧我”发端，要显世人是非，都是我见。要齐物论，必以忘我为第一义也。故逍遥之圣人，必先忘己，而次忘功、忘名。此其立言之旨也。

2.2 “汝闻人籁，乃箫管之吹而有声者。**而未闻地籁；**即下文长风一鼓，万窍怒号。**汝闻地籁，而未闻天籁夫！”**即众人之言论，乃天机之自发。

将要齐物论，而以三籁发端者，要人悟自己言之所出，乃天机所发；果能忘机，无心之言，如风吹窍号，又何是非之有哉？明此三籁之设，则大意可知。

2.3 子游曰：“敢问其方。”问三籁所以。**子綦曰：**先说地籁。**“夫大块**天地也。**噫**爱，去声。**气，其名为风。**言大风乃天地之噫气，如《逍遥》六月之风为息，此揑弄造化之意。**是**指风。**惟无作，**起也。**作则万窍怒呺。**言大风一起，则万窍怒号。**而**汝也。**独不闻之翏翏乎？**翏翏，长风初起之声也。**山林之畏佳，**摇动也。**大木百围之窍穴，**言深山大木，有百围者，则全身是窍穴。**似鼻，**此下言穴之状，有似人鼻之两孔者。**似口，**似人之口横生者。**似耳，**似人之耳斜垂者。**似枅，**有方孔之似枅者。**似圈，**有圆孔之似圈者。**似臼，**有孔内小外大，似舂臼者。**似洼者，**有长孔，似有水之洼者。**似污者。**似浅孔，似水之污者。上言窍之形，下言声。**激者，**故有声，如水之激石者。**謞**音孝。**者，**有似响箭之声而謞者。**叱者，**如人叱牛之声者。**吸者，**如人吸气，而声细若收者。**叫者，**有声似人高叫者。**譹**音豪。**者，**有低声若譹者。**宎者，**如犬之细声而留者。**咬者**。若犬吠之声者。以上窍之声也。**前者**前阵风也。**唱于，**声轻而缓。**而随者唱喁**。后阵而声重。**泠风**零风。**则小和，**风一吹，而众窍有声如和。**飘风**大风。**则大和，厉**猛也。**风济，**止也。**则众窍为虚**。谓众窍之声，因风鼓发；大风一止，则众窍寂然。言声本无也。**而**汝也。**独不见之调调、之刁刁乎？"**调调、刁刁，乃草木摇动之余也。意谓风虽止，而草木尚摇动而不止，此暗喻世人是非之言论，而唱者已亡，而人人以绪论各执为是非者。

此长风众窍，只是个譬喻，谓从大道、顺造物，而散于众人，如长风之鼓万窍，人各禀形器之不同。故知见之不一，而各发论之不齐，如众窍受风之大小、浅深，故声有高低、大小、长短之不一，此众论之所一定之不齐也。故古之人唱于前者小，而和于后者必盛大，各随所唱而和之，犹人各禀师承之不一也。前已唱者已死，而后之和者犹追论之不已，若风止而草木犹然摇动之不已也。然天风一气，本乎自然，元无机心存于其间，则为无心之言，圣人之所说者是也。争奈众人各执己见，言出于机心，不是无心，故有是非。故下文云"夫言非吹也"，以明物论之不齐，全出于机心、我见，而不自明白之过。此立言之枢纽也。知此，可观《齐物》矣。

2.4　子游曰："地籁，则众窍是已；人籁，则比竹

是已。言已知地籁，则是比竹无疑，故不必更说。**敢问天籁。"子綦曰："夫吹万不同，而使其自已也**。言天籁者，乃人人发言之天机也。吹万不同者，意谓大道本无形声，托造物一气，散而为万灵，人各得之而为真宰者，如长风一气而吹万窍也。以人各以所禀形器之不一，故各各知见之不同。亦如众窍之声不一，故曰"吹万不同"。使其自已者，谓人人迷其真宰之一体，但认血肉之躯为己身，以一偏之见为己是，故曰"使其自已"，谓从自己而发也，此物论不齐之病根也。**咸其自取，怒者其谁耶？"**此一言直指齐物之工夫，直造忘言之境也。咸者，皆也。取，犹言看取，乃返观内照之意也。怒者，鼓其发言之气，乘气而后方有言也。谁者，要看此言毕竟从谁而发也。但知言从己发，而不知有真宰主之。若不悟真宰，则其言皆是我见，非载道之言，由此是非之生，终竟而不悟也。要人识取真宰也。

齐物之意，最先以忘我为本指，今方说天籁，即要人返观言语音声之所自发，毕竟是谁为主宰。若悟此真宰，则外离人我，言本无言，有何是非坚执之有哉？此齐物论之下手工夫，直捷示人处，只在"自取，怒者其谁"一语，此便是禅门参究之工夫，必如此看破，方得此老之真实学问处，殆不可以文字解之，则全不得其指归矣。

下文"大知闲闲"，将此众窍音声作譬喻，文虽不伦，而意实然也。

2.5　大知闲闲，小知间间；大言炎炎，小言詹詹。大知，谓仁义纲常为知者。闲乃阑槛，所以防物不逾越者也。小知间间，谓法度准绳斤斤一毫不假借者，与夫工商计利之人，皆此类也。大言炎炎，谓纲常之说，气焰熏人，使不敢犯也。詹詹，谓分别利害，精密不漏也。此天地间人所有之知，唯此两等而已。此皆小知，乃世俗之知耳。故所言者非是天然，特出于机耳。故次明之。**其寐也魂交，其觉也形开**。此寐觉开合，盖言其机也。谓寐时其魂交合，其机闭而不发；觉时形开，其机发于见闻知觉，故与境相接。**与接为构，日以心斗**。接，谓心与境接。心境内外交构，发生种种好恶取舍，不能暂止，则境与心交相斗构，无一念之停也。**缦者，**此下形容心境交构之心机也。缦，谓软缓，乃柔奸之人也。**窖者，**窖，谓如掘地为阱以限人，乃阴险之人也。**密者**。密，谓心机绵密，不易露也。**小恐惴惴，**惴惴，恐惧貌。谓假作小心，状有所畏，乃小人也。**大恐缦缦**。缦缦，谓宽松之状，乃大奸之人。纵有大恐，而佯为不采，示不惧也。**其发若机栝，其司是非之谓也；**机，乃弩之发。栝，乃箭之栝。谓拿定伤人之机栝。其司是非，乃主刁讼之人也。**其留如诅盟，其守胜之谓也；**诅盟，心藏其事，不肯吐露，如有咒誓者，乃执己是，不肯输与人也，故曰“守胜”。**其杀若秋冬，以言其日消也；**此小知之人，日与心斗，而机心如此之不同，总之自伐真性，天理日消，如秋冬之杀气，绝无生机可望也。**其溺之所为之，不可使复之也；**言此等机心之人，沉溺于所为以为是，不可使复其真性也。**其厌也如缄，以言其老洫也；**厌，即厌足饱满之意。言此等人机心厌满于中，至老愈深，所谓老奸之人也。**近死之心，莫使复阳也。**言一生用心如此，至死不能使复其本明也。

此一节形容举世古今之人，未明大道，未得无心，故矜其小知以为是。故其所言，若仁义，若是非，凡所出言皆机心所发，人人执之，至死而不悟。言其人之形器，虽似众窍之不一，其音声亦似众响之不同，但彼地籁无心，而人言有心，故后文云“言非吹也”，因此各封己见，故有是非。物论之不齐者，此也。所谓“天地之间，其犹橐籥乎”。中峰云：“三界尘劳如海阔，无古无今闹聒聒。”谓是故也。此下形容其情状。

2.6　喜怒哀乐，虑思虑也。**叹**嗟叹也。**变**变态不常也。**热，**忧疑不动也。**姚**灾祥也。**佚**纵散也。**启**开心也。**态；**装模样，作态度也。**乐出虚，**言其人虽不同，其情状虽不一，其实自亦不知其所发，如乐之出于虚，即老子云“虚而不屈，动而愈出”之意也。**蒸成菌。**言此等情状，皆非清净心中所出，乃发于秽浊之气，如菌之生于粪壤，故其言之不足采也。**日夜相代乎前，而莫知其所萌。**言其此等之人秽浊心机。寐形诸梦，觉接其境，日夜与心为斗，相代而不已。其实不自知其萌动处，不知谁为之主也。**已乎，已乎！**犹言且住且住，我知之矣。**旦暮得此，其所由**

以生乎！前云“怒者其谁耶”，今言人之机心所发，不知所萌，今要人人识取自己主人公，故云“旦暮得此，所由以生”，将一“此”字暗点出个真宰，乃有生之主。旦暮者，即死生昼夜之道也。得此以生，要人悟此耳。**非彼无我，非我无所。**彼，即上“此”字，指真宰也。谓非彼真宰，则不能有我之形；若非我之假形，而彼真宰亦无所托。**取是亦近矣，**前云“咸其自取，怒者其谁”，今云“取是”，“是”即上“此”“彼”二字，意指真宰也。谓人能识取此真宰，亦近道矣。**而不知其所为使。**谓真宰乃天机之主，其体自然，而不知其所为使之者。**若有真宰，**到此方拈出“真宰”二字，要人悟此，则为真知矣。**而特**但也。**不得其朕。**朕，兆也。言真宰在人身中，本来无形，故求之而不得其朕兆也。**可行**言日用云为，无非真宰为之用。**已信，**言信有真实之体可信。**而不见其形，**但求之而不见其形容耳，此即老子云“杳杳冥冥，其中有精，其精甚真，其中有信”之意。**有情**实也。**而无形**谓有真实之体，但无形状耳。

前云知之不同，此一节言各人情状之不一。而人但任私情之所发，而不知有天真之性为之主宰，因迷此真宰，故任情逐物而不知返本。故人之可哀者，此耳。前云“咸其自取，怒者其谁”，到此却发露出真宰，要人悟此，则有真知，乃不堕是非窠臼耳。

上言真宰，虽是无形，今为有形之主。若要悟得，须将此形骸，件件看破，超脱有形，乃见无形之妙。故下文发之。

2.7　百骸、骸，骨也。人有三百六十骨节，总而言之曰百骸。**九窍**、耳目口鼻有七，通前后有九。**六藏，**藏者，心藏神，肝藏魂，脾藏意，肺藏魄，肾藏志，通命门为六。举一身之形，尽此数件而已。**赅而存焉，吾谁与为亲**？赅，犹该也。言该尽一身，若俱存之而为我，不知此中那一件，是我最亲者。若以一件为亲，则余者皆不属我矣；若件件都亲，则有多我，毕竟其中谁为我者？此即佛说小乘，析色明空观法；又即《圆觉经》云"四人各离，今者妄身，当在何处"。此破我执之第一观也。**汝皆悦之乎，其有私焉**？言汝身中件件皆悦，则有私焉者，则有多我矣。**如是皆有为臣妾乎**？言如是件件皆我，若无真君主之者，此特臣妾，但供使令耳，非其主也。**其臣妾不足以相治也**。若件件但供使令若臣妾者，然臣妾不能相治，谁为管摄耶？**其递相为君臣乎**？若递相为君臣，则无一定之主矣。**其有真君存焉！**若件件无主，乃假我耳，其必有真君存焉。既有真君在我，而人何不自求之耶？**如求得其情与不得，无益损乎其真**。言此真君，本来不属形骸，天然具足。人若求之，而得其实体，在真君亦无有增益；即求之而不得，而真君亦无所损。即所谓不增不减，迷之不减，悟之不增，乃本然之性真者。此语甚正，有似内教之说。但彼认有个真宰，即佛所说识神是也。

庄子心胸广大，故其为文，真似长风鼓窍，不知所自。立言之间，举意构思，即包括始终。但言不顿彰，且又笔端鼓舞，故观者茫然，不知其脉络耳。如此篇初说天籁，即云“吹万不同，而使其自已也，咸其自取、怒者其谁耶”，则已立定脚跟，要人自看，识取真宰。只是一言难尽，故前面“大知闲闲”已来，皆是发挥“吹万不同”；只到“旦暮得此”已下，方解说“咸其自取，怒者其谁”，方拈出个真宰示人。今此一节，乃说破形骸是假我，要人撇脱形骸，方见真宰，即是篇首“丧我”之实也。

向下只说世人迷真逐妄，乃可哀之大者，盖悲悯之意也。

2.8　一受其成形，言真君本来无形，自一受躯壳以成形。**不亡以待尽。**则不暂亡，只待此形随化而尽。**与物相刃相靡，其行尽如驰，而莫之能止，不亦悲乎！**言真君为我有形之主，而不知所养，使之与接为构，日与心斗，以为血肉之躯。故被外物相伤，如刃之披靡，往而不返，可不悲乎？**终身役役而不见其成功，**言驰于物欲，终身役役劳苦，而竟不见其成功，不知竟为何事。**苶[①]然**疲貌。**疲役而不知其所归，可不哀耶！**言为名利劳形，终身役役，以至苶[②]然疲弊，而竟莫知所归宿。人生之迷如此，可不哀耶？**人谓之不死，奚益！**世人如此昏迷之至，其形虽存，人谓不死，有何益哉？**其形化，其心与之然，可不谓大哀乎？**言其妄情驰逐而不休，而形骸与之俱化，而心亦与之俱溺而不悟，如此可不谓之大哀乎？**人之生也，固若是芒**无知

①② “苶”，原作“茶”。

貌。**乎？**言人生固如此之无知乎？**其我独芒，而人亦有不芒者乎？**言唯我独芒然无知耶，而世人亦有不芒者乎？此庄子鼓舞激切之语也。

此一节，言真君一迷于形骸之中，而为物欲之所伤，火驰不返，劳役而不知止，终身不悟，可不谓之大哀者耶？由其迷之也深，颠倒于是非而不觉也，故下文方露出“是非”二字。

2.9　夫随其成心现成本有之真心也。**而师之，谁独且无师乎？**言人人具有此心，人皆可自求而师之也。**奚必知代，而心自取者有之？**此句谓何必圣人有之？盖知代者，乃圣人知形骸为假借，故忘形而自取于心者也。**愚者与有焉！**虽愚者亦与有焉。**未成乎心而有是非，**言人未悟本有之真心，而便自立是非之说。**是今日适越而昔至也。**言其实未至以为至，以此是非者，是自欺也。**是以无有为有。**所谓未得为得，强不知以为知也。**无有为有，**言此自欺之人。**虽有神禹，且不能知，**言神禹虽圣，其知虽广，亦直知其所至之处。若此等人，以无为有，又何能知之？**吾独且奈何哉！**神禹且不能知，吾独且奈何哉！甚言此辈难与言大道也。

此一节，言是非之端，起于自欺之人，强不知以为知，且执己见为必是，故一切皆非。盖未悟本有之真知，而执妄知为是，此等之人，虽圣人亦无奈之何哉。可惜现成真心，昧之而不悟，惜之甚矣。由不悟真心，故执己见为是，则以人为非，此是非之病根也。

下文方发明齐物论之主意。

2.10 夫言非吹也，前但敷演世人不悟真宰，但执我见，以未随其本有之真心，但执妄见，所以各各知见不同。到此方入物论，谓世人之言，乃机心所发，非若风之吹窍也。**言者有言，**故所言者，非任真宰，乃有机心之言。**其所言者，特未定也。**以任一己偏见之言，故其所言者，特未定其果是果非也。**其有言耶？其未尝有言耶？**此要人返观，本来有此言耶？未尝有此言耶？即此一语，便令人自知，而齐物论之功夫，略示于此矣。**其以为异于鷇音，**鷇音者，乃鸟在壳，啐啐之声将出，谓是天机之音，全出无心。而人之有心之言，与鷇音不同，要人自看取。**亦有辩乎？其无辩乎？**辩，谓彼此争辩也。谓人返看语言如鷇音时，此则有辩论乎？无辩论乎？要人发言当下，自返观也。

此一节，将明物论之不齐，先指出言语音声，本无是非，若任天机所发，则了无是非之辩。然绝言处，乃齐物之旨，已揭示于此，欲人就此做工夫，看破天机，则是非自泯矣。

从“夫言非吹也”起，直至后文成亏章末“此之谓以明”止，为一大章，计七百四十余言，节节生意，最难一贯，必细心深观，乃悟其妙。

向下方的指出是非之人乃迷真执妄之流也。

2.11 道恶乎隐，隐，谓晦而不明也。**而有真伪？**谓大道本无真伪。先设问：道为何不明，而有真伪耶？**言恶乎隐，而有是非？**谓真人之言，本无是非。设问：为何真言隐，而有是非耶？**道恶乎往，而不存？**言道若无真伪，则了无取舍，何往而不存耶？**言恶乎存，而不可？**若言出于自然，一任天机，则有何所说而不可？但为道隐，而言亦伪；言伪，而是非因之而生也。**道隐于小成，**言道本不隐，但隐于小知之人。所成者小，故大道不彰耳。**言隐于荣华。**荣华，谓虚华不实之言也。以言不载道，故但涉浮华，故至言隐矣。**故有儒、墨之是非，**到此方指出是非之人，盖端为儒、墨而发。以儒厚葬，墨子薄亲，故互相是非。当时庄子与孟子同时，以孟子辟杨、墨，曰："予岂好辩哉？"故有是非之辩，故以儒、墨并之。**以是其所非，而非其所是。**言儒以厚葬为是，乃墨子之所非者，故曰"是其所非"；墨以薄亲为是，而儒非之，故曰"非其所是"。**欲是其所非，而非其所是，则莫若以明。**言儒、墨二家互相是非，皆未明大道，但各执我见耳，未必为真是也。苟欲是其所非，而非其所是，莫若明乎大道，则了无是非之辩矣。

此一节，方指出是非之端，起自儒、墨。当时虽有处士横议，而儒、墨为先唱。意谓杨、墨固失仁义矣，而儒亦未明大道也，故两家皆无一定之真是，故以此为发论之张本。盖言辩是非，滥觞于儒、墨，旁及诸子，后单结指于惠子，皆不明之人，乃丧道者也。

下先明本无是非，而人不自知，故妄执己见，起是非耳。

2.12　物无非彼，言若天地间一人执我，则尽天下之人皆彼也，故曰“物无非彼”。**物无非是。**言若一人执己为是，则人人皆执己为是，则天下无不是矣，故曰“物无非是”。**自彼则不见，**言若但见彼之非，则不见自己之非矣。**自知则知之。**言若自知其非，则知天下无不是矣，故曰“自知则知之”。**故曰：彼出于是，**言彼之非，盖出于我之是。**是亦因彼。**言我之是，亦因彼之非。由人不自知故，但执己是，所以不能泯是非也。

此一节，言人苦于不自知，故以己是为必当。若彼此互相易地而观，则物我两忘，是非自泯，乃见本来无是非也。

下文发明是非本无，特因对待而有。

2.13　彼彼非。**是，**我是。**方生之说也。**方，谓比方，对待之意也。言是非本无，盖因人我对待而有也。**虽然，**下一转，以明对待无有了期。**方生方死，方死方生；**言对待是非，比之生死一般，生而死，死而生，生死循环，无有了期。若将“死”字作“灭”字看，亦妙。**方可方不可，方不可方可；**是者为可，不是为不可，以此终无两可之时。**因是因非，因非因是。**言此是因彼非，彼是因此非，皆不自知自明之过也。**是以圣人不由，而照之于天，亦因是也。**言圣人不由世人之是非，而独照明于天然之大道，故是为真是，故曰“亦因是也”。此言圣人之因是，乃照破之真是；不似世人，以固执我见为是，而妄以人为非也。此即老子之“人法天”。

此一节，言世人之是非，乃迷执之妄见，故彼此是非而不休。唯圣人不随众人之见，乃真知独照于天然大道，了然明见其真是，故曰“亦因是也”。此是则与众天渊，故以“亦”字拣之。前云，与其儒墨互相是非，莫若以明，明即照破之义，故此以圣人照之于天，以实“以明”之“明”。此为齐物之工夫，谓照破即无对待。

故下文发挥绝待之意，而结归于“莫若以明”。

2.14　是亦彼也，彼亦是也。此承上圣人照破工夫，则悟我之是，即彼之非；彼之非，亦即我之是。如此互观，则何是非之有？**彼亦一是非，此亦一是非，**如此互观，则是非两忘。**果且有彼**彼非。**是**我是。**乎哉？果且无彼是乎哉？**若是非两合于大道，果然有是非乎哉，果然无是非乎哉？**彼是莫得其偶，谓之道枢**。言是非两忘，则坦然一际，绝诸对待，如此则彼是莫得其偶。偶，对待也。绝待，即道妙之枢纽也。**枢始得其环中，以应无穷**。环则不方，中虚则活而能应，以譬道之虚无。若得此虚无道枢，则应变无穷。**是亦一无穷，非亦一无穷也**。言是非泯同于大道，则是亦是道，非亦是道，如庄子诽薄尧舜，此一于大道也。**故曰：莫若以明**。前云，与其儒墨之是非，莫若以明。说到圣人照破，则泯绝是非，而与道游，则无往而非大道之所在。故此结之，故曰“莫若以明”。

此一节，言圣人照破，则了无是非，自然合乎大道，应变无穷；而其妙处，皆由一“以明”耳。此欲人悟明，乃为真是也，则物论不待齐而自齐矣。此即老子之“天法道”。

下以指、马，喻本无是非之意。

2.15　以指喻指之非指，以我之触指，喻彼之中指，为非我之触指。**不若以非指喻指之非指也**；不若以彼中指，倒喻我之触指，又非彼之中指矣。**以马喻马之非马**，马，双陆之戏马也。马有黑白之分，虽有黑白，皆马也。若以彼黑马，喻我之白马，非彼之黑马。**不若以非马喻马之非马也**。不若以彼黑马，倒喻我之白马，又非彼之黑马矣。**天地一指也，万物一马也**。若以此易地而观，指、马无二，则是非自无。由圣人照破，大而观之，不但人我一己之是非自绝，则天地与我并生，万物与我为一，斯则天地一指，万物一马耳，又何有彼此、是非之辩哉？此盖从“莫若以明”一语，发出“圣人不由，而照于天”，释“以明”之意。故此结归照破工夫，真能泯是非，万物齐一，欲人于此着眼也。

此一节，发挥圣人照破，则泯绝是非，天地万物，化而为一。下文释为一之所以。

2.16　可乎可，谓人以为可，则我亦因而可之。**不可乎不可**。人不可，则我亦因而不可之。**道行之而成**，谓任道而行，无有不合于道者。成，现现成成，不必分别也。**物谓之而然**。然者，自是也。谓人谓之而然者。**恶乎然？**谓所以然者，何耶？**然于然**。谓然于自己心中之为然耳。**恶乎不然？**言人因何而不然耶？**不然于不然**。谓人所以不然者，但彼心中自以为不然耳。**物固有所然**，言物物实有一定之然。譬如药之参喙，用参则喙不然；且用喙时，用参则不然矣。此则物物皆有一定之实然也。**物固有所可**；物有在此不可，而在彼亦有可用者。**无物不然，无物不可**。由此观之，则天下物，无有不然，亦无有不可者。**故为是举莛**屋梁也。**与楹**，屋柱也。**厉**音赖，癞病之恶人也。**与西施**，美妇人也。**恢**大也。**诡**诈也。**谲**诡也。**怪**，怪异也。**道通为**

一。言莛、楹之长短，厉、施之美恶，恢、诡、谲、怪之变状，以人情视之，其实不得其一样，难其无是非。若以道眼观之，则了无长短、美恶之相，一际平等。此言非悟大道，决不能齐天下之物论也。**其分也，成也；**如截大木以为器，在木则为分，在器则为成，故其分即成也。**其成也，毁也。**然器虽成，于木则毁，如此岂可执一定为成毁哉？**凡物无成与毁，复通为一。**若就一边而观，似有成毁；若通而观之，则无成无毁，故复通为一。以此而观万物，又何是非之有？

此释上天地一指、万物一马之意，必以道眼观之，自然绝是非之相。是非绝，则道通为一矣。

下文方指归于道。

2.17 唯达者达道之人。**知通为一，为是不用，而寓诸庸。**唯达道之人，知万物本通为一，故不执己是，故曰“不用”。既不用己是，但寓诸众人之情。庸，众也，谓随众人之见也。**庸也者，用也；**解庸者，用也。谓用众人之好恶为好恶也。**用也者，通也；**由其能用，故能通众人之志也。**通也者，得也。**言能通达于道者，无往而不自得；苟自得，则无是非之执矣。**适得而几矣。**言达道之人能适于得，则几近于道矣。**因是已，**言达者通达于一，虽万变而不失其道，此则无往而不是。如此因是，乃真是也。

已而不知其然，谓之道。谓至无往而不达，则了无是非，顺物忘怀，则不知其所以然，谓之道。此老子“道法自然”。

此一节，要忘是非，必须达道之圣人，知万物一体，故无是无非，无适而不可，顺乎自然，此谓之道。上面说了许多，展演铺舒，直到此方指归一“道”字。“因是已”之“已”字，乃极尽之处，言圣人极尽，只是合乎自然之道，如此而已。合乎道，则自然归一。

后文言愚人勉强要一，故卒莫能一也。

2.18　劳神明为一，而不知其同也，谓未达大道，强勉以己见要为一，而不知其本来大同也。**谓之朝三。何谓朝三？**谓执己见为必是，要一众人之见，即如狙之喻也。**曰：“狙公**养猿之人。**赋芧**，输芧粒以食猿也。**曰：‘朝三而暮四。’众狙皆怒**。言众狙执定，朝应多，而夕应少。**曰：‘然则朝四而暮三。’众狙皆悦。”**狙公以本数颠倒之。**名实未亏，而喜怒为用，亦因是也**。三四之名同，而实数亦同，但狙之所执己见，以朝四为必是，故不核其实，而但喜其名耳。此皆不能忘是非者，如夷齐之类是也。**是以圣人和之以是非，而休乎天钧**，天钧，谓天然均等，绝无是非之地也。前云“照之以天”，故此结云“休止乎天均”。**是之谓两行**。两行者，谓是者可行，而非者亦可行，但以道均调，则是非无不可者。

此一节，言工夫未到自然之地，强勉要一其是非，而不悟玄同之妙者，似此之人，但能因是，不能忘非。正如夷、齐、介子之流，其行虽高，不无愤世嫉俗之心；又如儒、墨，各执一端为是，乃但能可其可，不能可其不可。虽然离是非，卒不能一是非。即其所操，未尝不是，元非道外，只以各执己见为是，乃成颠倒。故如狙公之七数，名实一般，而喜怒为用各别，此特劳神明为一者，而不知其大同者也。须是圣人，和同是非，休乎天均，两忘而俱行之，故能和光同尘，混融而不辩，则无可不可矣。

下文意谓，古之人知到本来无物、玄同之境，故本无是非，自后渐渐不济矣。

2.19　古之人，其知有所至矣。上言不知道者，劳神明强一，而竟莫能一；故此言古之真人，有真知之至处。至者，本来无物之地也。故下征释。**恶乎至？**问何以为至？**有以为未始有物者，至矣，尽矣，不可以复加矣；**本来无物已前，乃道之极处，无以知也。**其次以为有物矣，而未始有封也；**其次虽适有形，犹知识未凿，似浑沌初分，人心纯朴，然尚未有人我之封。封，犹彼此界限也。**其次以为有封焉，而未始有是非也。**其次虽有彼此界限，其风尚朴素，而未有是非之心，去道不远。**是非之彰也，道之所以亏也；**自是非一彰，而大道丧矣。**道之所以亏，爱之所以成。**爱，私爱于一己也。成，前云"一受其成形"，自迷真性，成此形骸，固执为我，故大道亏损多矣。**果且有**

成与亏乎哉？果且无成与亏乎哉？苟以大道而观，果且有成亏乎？无成亏乎？若真见得本无成亏，则是非自泯矣。

此一节言，由迷大道，则成我形，我成而道亏矣。前云“一受其成形，不亡以待尽”，直说到此处，方透出一个“爱”字，为我执之本。以成其一己之我，则所成者小，而大道隐矣，申明前云“道隐于小成”之意也。

后文意由所成者小，故举世之人，终身役役，而不见其成功，故以三子发之。

2.20 有成与亏，故“故”字，《副墨》作“昔”字。**昭氏之鼓琴也；**由上云“爱成而道亏”，又要显本无成亏，故引三子发之。昭文善鼓琴，是成一家之业；后其子不能鼓琴，是亏损了家声也。**无成与亏，昭氏之不鼓琴也。**意谓当初不勇成鼓琴之名，则其子亦未有亏损家声之说。**昭文之鼓琴也，师旷之枝策也，**又引师旷作证。言师旷最聪明之人，却使眼盲不见，枝策而行，此便是有成亏处。**惠子之据梧也，**惠子与庄子同时为友，而惠子有口才，善辩论。庄子意谓，惠子辩论虽成，而大道已亏，故以二子成亏比之。以善辩而不明道，即如师旷聪明而眼盲，即其子亦不能世其辩论之业，故如昭文之鼓琴。**三子之知，几乎皆其盛者也，故载之末年。**言从事以终其身也。**唯其好之也，**

以异于彼；言三子之笃好，将以异乎人也。**其好之也，欲以明之彼。**言他人又有好三人之知者，而三子自以为至，又欲以己之能，将明示之于彼，谓教他人也。**非所明而明之，故以坚白之昧终。**此句意，独指惠子本未明道，而强自以为明，而又明之于他人，故无大成，竟以坚白昧之，以终其身。**而其子又以文之纶终，**上句惠子之成亏，此言昭文之成亏。**终身无成。**言惠子以坚白之昧终，此终身无成也；昭文之子学父之琴，亦终身无成。若惠子之不辩，昭文之不鼓琴，又何成亏之有哉？言其道之所以亏者，正以成者小耳。**若是而可谓成乎？虽我亦成也。**言若惠子之可谓成者，庄子言如此，则我之不成，可谓之成也。**若是而不可谓成乎？物与我无成也。**若是而不可谓成，则人与我皆未是成者也。**是故滑疑之耀，圣人之所图也。**滑疑之耀者，乃韬晦和光，即老子昏昏闷闷之意，谓和光同尘、不炫己见之意，言光而不耀，乃圣人所图也。**为是不用而寓诸庸，此之谓以明。**言圣人不以知见夸示于人，亦不以己见为必是，故不用其是，而但寓于庸众之中。前所谓“以明”者，乃是大成者此也。

此一节，结文，来意甚远。从“夫言非吹也”起，而下及“道恶乎隐，而有真伪”，以“道隐于小成，言隐于荣华”，乃至欲“是其所非，而非其所是”，“莫若以明”，论起一层。以至“枢始得其环中”，则结之曰“莫若以明”，为第二层。次从指、马喻论起，以明“道通为一”，引出“唯达者知通为一”，“为是不用而寓诸庸”，乃点出一“道”字，以作活眼。次借狙公名实未亏，从一“亏”上发挥“道之所以亏，由爱之所以成”。以此“爱之所以成”一句，又远结前立义中“一受其成形”及“随其成心而师之”两“成”字之意，谓若受其形，即爱之所以成，故道有所亏，此有成有亏也。若随其成心而师之，则本无成亏。因有成形，故有辩论，是非之彰，盖由此耳。是以成形、成心二意作骨子也。

此道隐小成，言隐荣华，有自来矣，皆未悟明大道之过也。故先揭示之曰“莫若以明”；次又论道枢，则又云“故曰莫若以明”。今论到底，结归成亏，指出惠子是第一不明之人，故持坚白之辩，昧了一生。故末后指出，滑疑之耀之圣人，乃不自是之人，故缴归为是不用而寓诸庸之达者，乃结之曰“此之谓莫若以明”。其文发自“夫言非吹也”起，至此约七百余言，方一大结。其文与意，若草裹蛇，但见其动荡游衍，莫睹其形迹，非具正眼者，未易窥也。

至若三子之成亏，其昭文乃业之有成亏者，师旷乃形之有成亏者，惠子则道之有成亏者。总结“道隐于小成，言隐于荣华”，而末结归于圣人。此圣人，即结前云“唯达者知通为一”、“为是不用而寓诸庸”之义。如此深观，乃见此老之文章波澜血脉之不可捉摸处。

“此之谓以明”，已结了前“夫言非吹也”以来一章之意，到此又从滑疑之圣人上，生起立意，发论圣人无是无非，至下文“无适焉，因是已”，二百三十余言为一章。

2.21　今且有言 谓世之立言以辩论者。**于此，不知其与是类乎？** 是，指上滑疑之圣人，乃无是无非者。谓今且有人，立言为辩者，不知与此圣人，是相类乎？**其与是不类乎？**谓与此圣人，为不类乎？**类与不类，相与为类，则与彼无以异矣。**谓今言辩之人，不必说与圣人类与不类。但以己见，参合圣人之心，妙契玄同，则本无圣凡之别，故与彼圣人无以异，了无是非矣。“彼”字，即上“是”字，指圣人也。

此一节，结上圣人欲人自悟，而忘其己是也。下“虽然”一转，乃庄子特论本无是非之大同，乃发明大道之原也，便是他真知谛见处。

2.22　虽然，请尝言之。言本无是非。虽然如此，尚未透彻，故请尝试一论之。**有始也者，**即老子“无名，天地之始”。**有未始有始也者，**此言有始亦无，谓无始也。即老子云“同谓之玄”。**有未始有夫未始有始也者。**此未始有亦无，即老子云“玄之又玄，众妙之门”。此乃单言无形大道之原也。**有有也者，**有，即天地人物，老子“有名，万物之母”也。**有无也者，**因天地之有，乃推“无名，天地之始”。此盖就有形，以推道本无形也。**有未始有无也者，**此言天地万物有形，出于无形，而大道体中，有无不立，故云“未始有”。**有未始有夫未始有无也者。**上言有无俱无，此言俱无亦无，迥绝称谓，方是大道之玄同之域，故以此称为虚无妙道。**俄而有无矣，**言大道体中，了无名相，一法不立，故强称虚无大道。忽然生起有无，而不知谁使之也。前云“若有真宰，而不知有所为使”，直论到此，方回头照顾，暗点于此。**而未知有无之果孰有孰无也**。言大道体中，有无不立，即今之有无，谁使之为有无耶？所谓“若有真宰，而求不得其朕”，今果返观至此，有无尚无，安有是非之辩哉？**今我则已有谓矣**，言有无既无，了绝名相，何有言论之辩耶？然我既已于无言之中，而有言说矣，但我言本无言。**而未知吾所谓之其果有谓乎？其果无谓乎**？言我今既已有言，但言其无言耳，如前所谓鷇音是也，原出于天机，了无是非之相。世人但观我无言之言，其果有言说乎？果无言说乎？但悟此无言之言，则是非自泯矣。

已前释“言非吹也”，盖有机心之言也。今庄子既说到忘言玄同之处，意谓我今虽已有言，乃从真宰而发，是无言之言。若会我无言之言，则忘言而归一致矣。

下文重释忘言归一，大小玄同，了无是非。如此，乃真是也。

2.23　夫天下莫大于秋豪之末，而泰山为小；莫寿于殇子，襁褓中子。**而彭祖为夭**。此二句极难理会。以上文已论归大道之原，今将以大道而一是非。意谓若以有形而观有形，则大小、寿夭一定而不可易者。今若以大道而观有形，则秋毫虽小，而体合太虚；而泰山有形，只太虚中拳石耳。故秋毫莫大，而泰山为小也。殇子虽夭，而与无始同原；而彭祖乃无始中一物耳。故莫寿于殇子，而彭祖为夭也。若如此以道而观，则小者不小，而大者不大；夭者不夭，而寿者非寿矣。如此则天地同根，万物一体，何是非之有哉？**天地与我并生，而万物与我为一。**以道观之，万物一体，则天地与我并生，万物与我为一。**既已为一矣，且得有言乎？**既以为一，物我两忘，更复何言？**既已谓之一矣，且得无言乎？**既已称谓为一，则言恶乎存而不可哉？**一与言为二，**谓无形之一，今称谓之为一，则是两一成二矣。**二与一为三，**今又以言说彼两一，则相待而为三矣。**自此以往，巧历不能得，而况其凡乎！**自以言相待而为三，则相待无穷，纵有巧于历数者，不得终穷矣，况其凡乎？**故自无适有，以至于三，而况自有适有乎！**言自无才适有，则已成三；而况自有适有，则无极矣。**无适焉，因是已！**无适者，谓安心于未始有已前，则湛然常一而不迁矣。前云“众人因是，而有是非；圣人不由，而照之于天，亦因是也”，故一往论到未始有物已前，天地万物混而为一，故不离于道，如此为真是。所言圣人因是者，乃无适为是，此正照之于天也。此文之照应处。

此一节，明妙契玄同，天地同根，万物一体。安心于大道，不起分别，则了无是非，此乃真是。故结之曰“无适焉，因是已”。

下文又重提起一“是”字，乃是非之根原。

2.24　夫道未始有封，本无形相、人我界限。言未始有

常，常者，执定不化之意，乃是非之言也。任道而言，则无可不可，了无一定是非之相。**为是而有畛也**。只因执了一个“是”字，故有是非分别之辩。**请言其畛：有左，有右；有伦，有义；有分，有辩；有竞，有争。此之谓八德**。意谓从无适有，则有无二字，已成对待矣。既有之后，则有左右之序；有左右，则有伦义；有伦义，则有分辩，则有争竞。此相因而有，乃执定而不可化者。盖从一“是”字为病根，只如以左为是，而右则决不可易。世俗之情，以此分辩为能，故谓之八德。此德，乃能义。

前一往从迷至悟，说到大道根底，“因是已”一句，已结绝了。至此又提起，大道本无是非，不知这些分辩执著，从何而有。只要提出一个“是”字为病根，要使人识得破。

2.25　六合之外，圣人存而不论；道包天地，与太虚同体，本无封畛。只为众人迷大道，而执己见为是，故是非之辩，由之而起。圣人心与道合，即六合之外，未尝不知，但存之而不论。以非耳目之所及，恐生是非，故不论耳。**六合之内，圣人论而不议；**六合之内，圣人未尝不周知万物，但只论其大纲，如天经地义，以立君臣、父子之序，而不议其所以之详。**《春秋》经世先王之志，圣人议而不辩**。《春秋》乃为经世君臣、父子之大经大法，圣人但议其名分品节之详，而不辩其是非之曲折。**故分**

也者，有不分也；夫道一而已，本来不分，但在天地有形之内，而人伦之序，不得不分。人物虽分，而道未尝分，所谓“性一而已矣”。**辩也者，有不辩也。**虽天地间有众口之辩，其实有不可辩者，乃忘言之大道存焉。**曰：“何也？”**谓何以有不辩、不分之义耶？**“圣人怀之，**圣人与道为一，明知万化之多，而未尝分；明知众口之辩，而道非言之可及。故葆光敛耀，怀之于心，而不示于人。**众人辩之以相示也。**众人其实未达大道之原，而强不知以为知，且执以己见为必是，而以哓哓之辩，夸示于人，故大道隐矣。**故曰：辩也者，有不见也。”**故曰者，引古语也。老子云：“善者不辩，辩者不善。”

此一节，释滑疑之圣人，与道为一，以至无适焉、因是已。意谓圣人心同太虚，即六合内外之事，未尝不知，但怀之而不辩，以显好辩者，其实未明大道也。

下文重释不言不辩之义。

2.26　夫大道不称，道本无名，故不可以称。**大辩不言，**不言之辩，是非了然。**大仁不仁，**不是有心要仁。**大廉不嗛，**嗛，满也。不以廉自满。**大勇不忮。**忮，害也。大勇，乃自全道力，非害于人也。**道昭而不道，**谓大道昭昭，言则非道。**言辩而不及，**道本绝言，纵有言辩，亦不能及。**仁常而不成，**仁若常持有心，则有私爱，故不能大成万物。**廉清而不信**，信，实也。谓矫矫以自清立名，则无实德矣。**勇忮而不成**。勇若有害人之意，则为血气，而不成道义之勇矣。**五者圆而几向方矣**。五者名虽可行于世，以皆出有心，卒莫能行，故几向方矣。**故知止其所不知，至矣**。以上五者几方而不能行者，以恃小知自私之过，其实未知大道之原也。由是而知，圣人止其所不知之地，乃以为至也。此结前“古之人其知有所至”以来一章之义。**孰知不言之辩，不道之道？若有能知，此之谓天府**。言所不知之地，乃大道之原也，此中本无辩论言说。若有人知此不言之辩、不道之道，正若枢之环中，以应无穷。故能知此者，谓之天府。**注焉而不满**，大道体虚，大海不足以比其量，故大地之水，注之而不满。**酌之而不竭**，即大地酌取，而亦不竭。**而不知其所由来**，所谓“虚而不屈，动而愈出”，而不知其所从来。**此之谓葆光**。葆，犹包藏而不露也。前云“滑疑之耀，圣人之所图”以来，只说到此，乃结指其义，曰“此之谓葆光”。

前云“滑疑之耀，圣人所图”，故举六合内外之事，圣人无所不知，但知而不言，以其大道本来无知、无辩故也。圣人安住广大虚无之中，以游人世，故和光同尘，光而不耀，是之谓葆光。圣人工夫，必做到此，方为究竟，故云“圣人所图”。

2.27　故昔者尧问于舜曰：“我欲伐宗、国名。**脍**、国名。**胥敖，**国名。**南面而不释然，其故何也？”**不释然者，谓心中必欲伐之，欲罢而不能释然，不知何故也。**舜曰：“夫三子者，犹存乎蓬艾之间。若不释然，何哉？**言尧之心不广，不能容物也。且三子所处甚微细，如蓬艾之间，诚不足以芥蒂于胸中者。若不释然，何不自广也。**昔者十日并出，万物皆照，而况德之进乎日者乎？”**言尧之德未至也。昔者十日并出，则光明广大，万物毕照，况德之胜过于日者乎？苟自德已至，则广大光明，无物不容，况三子之微细乎？

此因上葆光之圣人，其心广大如天府，所谓“圣人所图”者，盖由工夫做到至处，乃如此耳。此言工夫未到，则其心不广，不能容物，故虽尧之大圣，亦有所缺。故十日并出，为进德之喻，以总结前意，以终“夫言非吹”已来之意也。

下文重申明，至人止其所不知，以显圣人之成功，以结死生无变于己，而况利害之端乎？

2.28　啮缺问乎王倪曰：“子知物之所同是乎？”曰：“吾恶乎知之！”要明不知之真知，故托王倪以发挥。**“子知子之所不知邪？”曰：“吾恶乎知之！”**若有知，则有所不知，则非真不知之地矣。**“然则物无知邪？”曰：“吾恶乎知之！虽然，尝试言之。庸讵知吾所谓知**此知乃世人之知。**之非不知邪？**谓世人之知，不是我之不知耶？**庸讵知吾所谓不知**

之我之不知。**非知邪？**言我之不知，不是世人之知耶？谓圣凡之知，本来无二，但世人习于妄知，故偏执为是，总非真知耳。**且吾尝试问乎汝：**发明不是正知之意。**民湿寝则腰疾偏死，鳅然乎哉？**言人但知安寝干燥屋宇，若近湿则腰疾偏废，而鳅卧泥中，岂若人哉？**木处则惴栗恂惧，猿猴然乎哉？**人处木枝则恐惧，而猿猴以为安便，岂若人哉？**三者孰知正处？**三者，谓人、鳅、猿猴，各知安其所习以为常，于己未尝不是，但各随一己俗习之知耳，何者为正知哉？**民食刍豢，**乃民之所习知。**麋鹿食荐，**荐，草也。乃麋鹿所习知。**蝍且**蜈蚣也。**甘带，**带，蛇也。**鸱鸦嗜鼠，**此四者各以为知常味。**四者孰知正味？**以各知之味如此，岂知正味哉？**猿猵狙**猵狙亦猿，同形而类别。**以为雌，麋与鹿交，**麋小而鹿大。**鳅与鱼游**。鳅无合，与鱼游而孕子。**毛嫱丽姬，**二人皆美女。**人之所美也，鱼见之深入，鸟见之高飞，麋鹿见之决骤，四者孰知天下之正色哉？**美女，人人所爱，彼四物见之，而惊走远去，是果色之可美耶？"试问"以下，历举安居、食、色，皆世人之所知也，人则以为必是而不可易者，然彼诸物各又不然，是则谁为正知哉？若执各人之知为然，而彼又有不然者。斯则世人之小知、小见，岂可执为真是耶？**自我观之，仁义之端，是非之涂，樊然殽乱，吾恶能知其辩？"**将上人物，各非真知，则观今之以仁义为必是者，岂真是哉？且如仁义，圣人以治天下，而盗跖即以之为大盗。若以圣人为是，而盗跖亦是；若以盗跖为非，则圣亦非也。如此是非不定，吾何能尽知其辩哉？**啮缺曰："子不知利害，则至人固不知利害乎？"**设此一问，要显至人之德不同。**王倪曰："至人神矣！**不可以利害名目。**大泽焚而不能热，**言至人岂但不知利害，即大泽焚而不能热。**河汉沍**冰冻也。**而不能寒，疾雷破山、风振海而不能惊。**言至人神超物表，不与物对，故物不能伤。**若然者，**若如此者。**乘云气，骑日月，**即磅礴日月。**而游乎四海之外，死生无变于己，而况利害之端乎？"**此结圣人之德，谓至人与道混融，神超物外，卓出于死生，而况世之小利害乎？

此一节，申明前文"至人止其所不知"，以言世人各非正知，而执为必是，其所知者，如此而已。以此是非，吾恶能知其辩哉？以结至人不知之至，乃超出生死之人，岂常情可测耶？

下文说齐死生，以梦觉观世人，则举世无觉者，以显是非之辩者，皆梦中说梦耳。文极奇，而义极正。

2.29　瞿鹊子问乎长梧子曰："吾闻诸夫子：圣人不从事于务，言不以世故为事务。**不就利，**不知所利也。**不违害，**不知有害可避也。**不喜求，**言无求于世也。**不缘道；**言无心合道，而无缘道之迹也。**无谓有谓，**以不言之教。**有谓无谓，**言发于天机，无心之言，如鷇音也。**而游乎尘垢之外。**超然游于物外也。**夫子**孔子也。**以为孟浪之言，**孟浪，谓不著实，犹无稽之言也。**而我以为妙道之行也。吾子以为奚若？"**何如也。**长梧子曰："是黄帝之所听荧也，**谓汝之此言，即黄帝听之，亦荧惑而不悟也。**而丘也何足以知之！**意谓孔夫子亦世俗之人耳，何足以知此哉？**且汝亦大早计，**言瞿鹊子才闻此言，即以为妙道之行，亦计之太早也。**见卵而求时夜，**才见卵，而便求报晓之鸡。**见弹而求鸮炙，**才见弹，而便求鸮炙。此太早计之譬也。**予尝为汝妄言之，**予以至人之德，为汝妄言之。**汝以妄听之。奚**奚，何如也。**旁日月，**言至人之德如此。**挟宇宙，**宇宙在乎手。**为其吻合，**至人与万化吻然混合，而为一体。**置其滑涽，以隶相尊？**隶，犹言隶役也。言自天子、诸侯、卿、大夫、士，皆是以隶役相役而相尊者，此皆世之滑昏之人所为者。至人不与物伍，故一切置之而无心也。**众人役役，**役役于物欲而不自觉，此皆以隶相役役者。**圣人愚芚，**芚，草之未萌也。言圣人无心于世，不识不知，泊兮于未兆已前。**参万岁而一成纯。**圣人入于不死不生，故参万岁而成纯。言不有于世，故圣人了无是非之心也。**万物尽然，而以是相蕴。**言万物本来道通为一，本无是非，如圣人浑化，故曰"尽然"。但众人只以一"是"字，蕴成我见，故有生死、是非之辩耳。**予恶乎知悦生之非惑耶？**言本无生可欣，而众人悦而贪之，岂非惑耶？**予恶乎知恶死之非弱丧而不知归者耶？**言圣人视生如远逝，视死如归家，而众人恶死，岂非弱丧而不知归者耶？弱丧，乃自幼丧失家乡者。**丽之姬，**丽姬，美女也。**艾**地名。**封人**掌艾之官。**之子也。晋国之始得之也，**丽姬纳于晋君。**涕泣沾襟；**言丽姬始至晋时，以为不乐，故涕沾襟。**及其至于王所，与王同筐床，**与王同卧起。**食刍豢，**食美味，遂以为乐。**而后悔其泣也。**既知其乐，乃悔昔之不知为苦也。此喻死者人之所归，乃最乐者，人不知耳。**予恶乎知夫死者不悔其始之蕲生乎？**若知死之乐，安知不悔昔之不当求生耶？此以为乐，盖言得免形骸生人之苦累，故以死为乐，亦非佛之寂灭之乐。以佛证之，正是人中修离欲行，得离欲界生死之苦，而生初禅禅天之乐，亦非世间人以死为乐也。观者须善知其义。**梦饮酒者，旦而哭泣；梦哭泣者，旦而田猎。**此言观人世如梦，观死生如夜旦，以此而游世间，乃至人之行也。梦觉相返者，以未觉乎大梦，故以死生为忧喜；苟知梦觉一如，则死生一条矣。**方其梦也，不知其梦也，梦之中又占其梦焉。**言世都在迷中，而自不知其迷，如梦中不知其梦也。而世人且自以为有知为是，而辩于人，此如梦中占梦，其实不自知其在迷也。**觉而后知其梦也，且有大觉而后知此其大梦也。**必有大觉之圣人，乃能正众人之梦语也。**而愚者自以为觉，窃窃然知之。**而世之愚人，好执是非之辩者，而不自知在迷中，而自以为觉，故窃窃然私自以为知者，故夸示人，此举世古今昏迷之通病也。**君乎！牧乎！固哉丘也！**君乎者，暗指尧舜已下之为君者。牧乎，暗指伊吕已下之卿相者。固哉丘也，明指孔子。此通说尧、舜、禹、汤、文、武、周公、孔子，凡以仁义治天下，而必要归于己是而为道者，皆梦中说梦之人也。**与女**指瞿鹊子也。**皆梦也，予谓女梦亦梦也。**即我说女梦，我亦是梦中说女之梦耳。**是其言也，**

如此梦言。**其名为吊诡。**吊，至也。诡，怪也。谓此梦说，乃至怪之谈；而女梦中之人，亦信不及。**万世之后而一遇大圣，知其解者，是旦暮遇之也。”**言必待万世之后，遇一大觉之圣人，知我此说，即我与之为旦暮之遇也。意此老胸中，早知有佛，后来必定印证其言。不然，而言大觉者，其谁也耶？

此一节，明至人所以超乎生死而游人世者，以观世间如大梦，死生如夜旦，忧乐如梦事。迷中说是非，如梦占梦；迷中正是非，如白日说梦事。总而言之，皆在大梦之中耳。似此，若不是至人看破，谁知此是大梦耶？愚者窃自以为觉，岂不陋哉？即自古尧舜已下之君相，以及孔子，皆梦中说梦之人耳。庄子自谓，我此说亦在梦中，无人证者，必待后世有大觉之大圣，方知我今日之梦说不妄也。此论极正大痛切，而入圣工夫，亦即于此可见矣。此结前执是非之论也。

后文翻覆发明此意，以结前文，总归于大道之原。

2.30 “既使我与若辩矣，若胜我，我不若胜，若果是也？我果非也邪？如释上皆在梦中之辩，无能正者。**我胜若，若不吾胜，我果是也？而果非也邪？其或是也？其或非也邪？其俱是**两家俱是。**也？其俱非也邪？我与若不能相知也。**以俱在梦中说梦，尔我谁能知其是非耶？**则人固受其黮暗，**暗昧不明白也。**吾谁使正之？**言彼闻尔我之辩者，都被瞒了在暗昧之中，将使谁人正之耶？**使同乎若者正之，既与若同矣，恶能正之？**使与汝一样人正之，既与汝一般见识，又何能正我之心耶？**使同乎我者正之，既同乎我矣，恶能正之？**使与我一样人正之，既与我一般见识，又何能正汝之心耶？**使异乎我与若者正之，既异乎我与若矣，恶能正之？**使不同尔我两家之人正之，既绝与尔我不同，识见各别，又何能正尔我之是非哉？**使同乎我与若者正之，既同乎我与若矣，恶能正之？**既与我两家一样，决不能正之矣。**然则我与若与人俱不能相知也，**言大家都在梦中，辩梦占梦，说梦事之是非，毕竟何能相知哉？**而待彼也邪？"**"彼"字近指前文所待大觉之圣人，远则指前"非彼无我"之"彼"字，意指真宰。谓既举世之人，都在迷中，横生是非之辩，如梦中诤论，谁能解而正之，除非是大觉之圣人出世，方能了然明白。若不待圣人，直须各人悟了本有真宰，则不由是非而照之于天然大道，则是非亦泯绝矣，故下句即云"和之以天倪"。天倪，即前之"休乎天均"，皆释前"照之于天"，谓真宰乃天然大道之体，非世人迷执之我见也。庄子文章脉络首尾相贯，如地中之泉，今此文横说竖说，三千余言，到此只以一"彼"字结之，看是何等力量。但看发论之端，暗点出真宰，但云"非彼无我"，以一"彼"字为主，到底猛然突出一句曰"待彼也耶"。若看破此机轴，则文章变化神矣。**"何谓和之以天倪？"**倪，端倪也，谓天然大道之实际也。"何谓"二字，乃重释之辞也。前文并无"和天倪"之说，但云"圣人和之以是非，而休乎天均"，始云

“圣人不由，而照之于天”，盖此“天倪”，即前之“天均”，而结归“照之于天”，以初从是非方生方死之间，就要照之于天。及说到劳神明而不能一，则曰“圣人和之以是非，而休乎天均”，到此议论已完了，故总前意，乃曰“何谓和之以天倪”，盖即结归和是非之天均也。但以“均”字变化为“倪”字，故不识其意耳。**曰：“是不是，然不然。**是、然乃两家各执之偏见也。**是若果是也，则是之异乎不是也亦无辩；**言是既异于彼不是矣，又何庸辩？**然若果然也，则然之异乎不然也亦无辩。**谓然既异于不然矣，又何庸辩哉？**化声之相待。**无而忽有曰化，言空谷之响，乃化声也。谓观音声如空谷传响，了无情识，又何是非之有哉？此一句，又总结前地籁，长风窍响，音声唱和，皆化声也。若观言语音声，如风吹窍响，何有是非之执？所以有是非者，盖是有机心之言，故竞执为彼此之是非耳。故发论之初，乃曰“夫言非吹也”，为是非发端；今齐物论已了，必指归于地籁，故曰“化声相待”，乃究竟齐物之工夫。若言语音声如地籁，则言出天真，了无机心，乃真天籁也。观前发端之地籁，则振荡乾坤，一段说话，归结到了，但轻轻以“化声相待”四字结之，看是何等之胸襟致思，笔力变化。文章到此，不可思议矣。**若其不相待，和之以天倪，**此一句，结齐物论之工夫也。谓若果观举世言论之音声，如风吹窍鸣，则是化声相待，则言出天机，了无是非之执矣。若其不能如化声相待，则当和之以天倪，而休乎天均，则不由是非之情而当照之于天。如此，则物论不齐而自齐也。不然，则终无可齐之日矣。**因之以蔓衍，**

蔓衍者，谓散漫流衍，即横说竖说，如枢得环中，以应无穷，是一亦无穷，非一亦无穷，所谓恶乎存不可也。以言出天真，无往而非道，故能和之以天倪，则可矢口而谈，故曰“因之蔓衍”也。**所以穷年也。忘年忘义，**前云于道有亏，则辩者终身无成，以自以为成，故非成耳。今载道之言，出乎天真之自然，随其成心而师之，则无往而非道。如此则优游卒岁，了无成名之心，身住世间，心超生死，则足以忘年；了无人我彼此之分，故能忘义，而无一定之辩。真人应世，与物无竞，如此而已。**振于无竟，故寓诸无竟。”**无竟者，乃绝疆界之境，即大道之实际，所言广莫之乡、旷埌之野，皆无竟之义也。言真人处世，凡所振作举动，皆与道冥一，施为动作于大道之乡，故曰“振于无竟”；故栖神于寂寞冲虚，故曰“寓诸无竟”。此齐物论之究竟指归实际处也。如此一篇大文章，开端如许惊天动地，若不指归实际，则为荒唐之说矣。

此一节总结齐物论之究竟处也。首以“丧我”为发启，则意在物论之不齐，皆执我见之过也。今要齐物，必先忘我，此主意也。次将显世人之言语音声，乃天机之所发，但在有机、忘机之别，故分凡圣之不同。故以三籁发端，意在要将地籁以比天籁。但人有小知、大知之不同，故各执己见为必是，故说了地籁，即说大知、小知之机心情状之不一，故不能合乎天机，如地籁之风吹窍响耳。如此者何也？盖由人迷却天真之主宰，但认血肉之躯以为我。故执我见，而生是非之强辩者，盖迷之之过也。故次点出真宰，要人先悟本真；要悟本真，须先抛却形骸。故有百骸九窍之说，要人看破形骸，而识取真宰。若悟真宰，则自然言言合道，皆发于天真，是所谓天籁也。

今之辩论之不齐者，盖是机心之言，故执有是非。故立论是非之端，首云“夫言非吹也”一句提起，以生后面许多是非之情状，皆从“非吹”二字发挥。但凡人迷之而不悟，在圣人已悟，则不由众人之是非，故凡有所言者，皆照于天地也。从此“照之于天”一语，以立悟之公案，故向下说到，是非不必强一，但只休乎天均，则不劳而自齐一矣。

如是重重议论，到末后是非卒无人正之者，如举世古今，皆是梦中说梦，必待大觉之圣人，方能正之。即不能待大觉之圣人，亦只须了悟各人之真宰，则物论、是非自明矣。到此了悟之后，是非自明，则凡所言者，皆出于天真，如地籁无异矣，故末后以“化声相待”一语以结之。若未大悟，则凡所语言，皆当照之于天，而休乎天均为工夫，故以“和之以天倪”为结语。

此通篇之血脉，立言之本意也。但文章波澜浩瀚，难窥涯际。若能看破主意，则始终一贯，森然严整，无一字之剩语，此所谓文章变化之神鬼者也。

下文总以形影梦幻为结，以见真实之工夫也。

2.31　罔两 影外之影也。**问景曰：“曩子行，今子止；曩子坐，今子起。何其无特操与？”** 言行止起坐不常，何以无一定之特操也。**景曰：“吾有待而然者邪？** 影谓盖不由我，以有待者形也。**吾所待又有待而然者邪？吾待蛇蚹蜩翼邪？**言我所待者形，若蛇蚹蜩翼之傲物耳，彼何知哉？**恶识所以然？恶识所以不然？”**言彼假形，块若无知之物，若蛇之蚹、蜩之翼，与真宰无相干者，但任其天机之动作耳，又何以知其然与不然耶？意谓世人学道，做忘我工夫，必先观此身如影、如蛇蚹蜩翼，则我执自破矣。**昔者庄周梦为蝴蝶，栩栩然蝴蝶也，**栩栩然，喜意。**自喻适志与，不知周也。**言梦中为蝴蝶，自喜自适，竟不知其为周也。**俄然觉，则蘧蘧然**蘧蘧然，偃卧之貌。**周也。**觉来依然一周耳。**不知周之梦为蝴蝶与？蝴蝶之梦为周与？周与蝴蝶，则必有分矣。**言梦觉之不同，但一周耳。不知蝴蝶为周，周为蝴蝶。此处定有分晓，要人看破，则视死生如梦觉。万物一观，自无是非之辩矣。**此之谓物化。**物化者，万物化而为一也，所谓大而化之谓圣。言齐物之极，必是大而化之之圣人。万物混化而为一，则了无人我、是非之辩，则物论不齐而自齐也。齐物以一梦结，则破尽举世古今之大梦也。由是观之，庄子之学不易致也，非特文而已矣。

此结齐物之究竟化处，故托梦觉不分，以物化为极则。大概此论立意，若要齐物，必先破我执为第一，故首以“吾丧我”发端。然“吾”指真宰，“我”即形骸。初且说忘我，未说工夫；次则忘我工夫，须要观形骸是假，将百骸、九窍、六藏，一一看破散了，于中毕竟谁为我者，方才披剥出一个真君面目。意谓若悟真君，则形骸可外；形骸外，则我自忘；我忘，则是非泯矣。此中大主意也，重重立论，返覆发扬者，此耳。

谓若未悟真君，则举世古今皆迷，如在大梦之中，纵有是非之辩，谁当正之耶？纵有正之者，亦若梦中占梦耳。若明正是非必待大觉之圣人，即不能待大圣，亦直须各人了悟当人本来面目，方自信自决矣。要悟本来真宰，须是忘我，然忘我工夫，先观人世如梦，是非之辩，如梦中事；正是非者，如梦中占梦之人。若以梦观人世，则人我之见亦自解矣。

虽解人我而未能忘言，若观音声如响，则言语相空，如此则言自忘矣。言虽忘而未能忘我，则观自己如影外之影，观血肉之躯如蛇蚹蜩翼，此则顿忘我相，不必似前分析也。盖前百骸九窍，一一而观，乃初心观法，如内教小乘之析色明空观；今即观身如影之不实，如蛇蚹之假借，乃即色明空，更不假费工夫也。虽观假我而未能忘物，故如蝶梦之喻，则物我两忘，物我忘，则是非泯。此圣人大而化之成功也，故以“物化”结之。如此识其主意，摄归观心，则不被他文字眩惑，乃知究竟归趣，此齐物之总持也。观者应知。

养生主第三

此篇教人养性全生，以性乃生之主也。意谓世人为一身口体之谋，逐逐于功名利禄，以为养生之策；残生伤性，终身役役而不知止，即所谓迷失真宰，与物相刃相靡，其形尽如驰而不知归者，可不谓之大哀耶？故教人安时处顺，不必贪求以养形，但以清净离欲以养性。此示入道之功夫也。

3.1　吾生也有涯，人生如隙驹耳，有限光阴。**而知也无涯。**知者，妄想思虑。日夜相代而无涯。**以有涯随无涯，殆已。**以有限之身命，随无穷之妄想，劳心悴形，危之甚也。**已而为知者，殆而已矣。**既已危殆，且迷而不觉，犹自以为知者，终于殆而已矣，不可救也。**为善无近名，**为善无近名之心。**为恶无近刑，**为恶无近刑之事。盖善恶兼忘，虚怀游世，不以物为事。**缘督以为经，**缘，顺也。督，理也。经，常也。言但安心顺天理之自然以为常，而无过求驰逐之心也。**可以保身，可以全生，可以养亲，可以尽年。**苟顺天理，则不贪欲以残生，故可以保身全生；不辱身以伤命，故可以养亲尽年。此所谓能养生之主也。

《逍遥》之圣人，则忘己忘功忘名，故得超然于物外；《齐物》之愚夫，竞名好辩，迷真宰而不悟。此圣凡之辩也。故今示之以入圣之功夫，以养生主为首务也，然养生之主只在“缘督为经”一语而已。苟安命适时，顺乎天理之自然，则遇物忘怀，绝无意于人世，则若己若功若名，不待忘而自忘矣，此所以为养生主之妙术也。故下以庖丁解牛喻之。

3.2　庖丁为文惠君梁惠王也。**解牛，**不言解牛之妙术。**手之所触，**随手所至也。**肩之所倚，**案牛之度也。**足之所履，**踏牛于地也。**膝之所踦，**跪而下刀之状也。**砉**音吸。**然响然，**用刀之声也。**奏刀騞**音画。**然，**进刀之声也。**莫不中音，**言有节数也。**合于《桑林》**舞名。**之舞，乃中《经首》**乐名。**之会。**众乐齐奏，言技之妙，而闲之度如此，初无用力仓皇之意也。**文惠君曰：“嘻，**叹其妙也。**善哉！技盖至此乎？”**言解牛之技，妙极于此也。**庖丁释刀对曰：“臣之所好者道也，进**用也。**乎技矣。**言臣始非专于技，盖先学乎道，以悟物有自然天理之妙，故施用之于技耳。**始臣之解牛之时，所见无非牛者；**言未得入道，则目前物物有碍，故始解牛之时，则满目只见有一牛。**三年之后，未尝见全牛也；**言初未见理，则见浑沦一牛。既而细细观之，则牛外之头、角、蹄、膊，内之五脏、百骸、筋骨，一一分之，各各不一，件件有理，自然而不可乱者。由是而知无全牛也，久之则果然见其无全牛也。**方今之时，臣以神遇而不以**

目视，由臣细观其牛，件件分析，有一定天然之腠理，了然于心目之间。故方今解牛，不须目视，任手所之，无不中理者。**官知止而神欲行**。官，谓耳目等五官也。但以心目知其所止，而神即随其所行，故信手所之，迎刃而解。**依乎天理**，但依骨肉之间天理之自然。**批**音撇。**大郤**，音隙。**导大窾，因其固然**。言任刀所批者，则有大郤；随手所引者，则有大窾空处。但只因固然一定之理，而游刃其间。**技经肯綮**骨肉连结处也。**之未尝，而况大軱**骨也。**乎！**言任理用刀，从骨肉小小连络处，亦不见有龃龉，而况有大骨为碍乎？**良庖岁更刀，割也；**言良能之庖，则一岁一换其刀者，但割切而已。**族**众也。**庖月更刀，折**犹斫也。**也**。言庸众之庖，月换一刀，则砍斫之故，易伤缺也。**今臣之刀十九年矣**，臣之刀十年为率，今已用九年矣。**所解数千牛矣，而刀刃若新发于硎**。硎，磨刀石也。言臣之刀，已解数千牛矣，而其锋铦利如初磨一般，全未伤缺也。**彼节者有闲**，言彼骨节自有间隙。**而刀刃者无厚，以无厚入有闲，恢恢**宽大也。**乎其于游刃必有余地矣，是以十九年而刀刃若新发于硎**。言刀之所以不伤缺者，以彼牛之骨节之间，自有天然之空处。且刀刃薄而不厚，以至薄之刀刃，入有空之骨节，则恢恢宽大，任其游刃，尚有余地，又何伤锋犯手之有？所以十九年而刀若发硎也。**虽然，每至于族**，筋骨盘结处也。**吾见其难为**，言虽然游刃如此，任理而行，其间亦有筋骨盘结没理处，吾亦见其难，此则不可任意而行也。**怵**警惕也。**然为戒，**言不敢妄动也。**视为止，**视其所止也。**行为迟，**行刀少缓也。**动刀甚微，謋**划也。**然已解，如土委地。**言至难处，则为惕然小心，不可乱动，端详其所止，缓缓下手。如此则用力不多，故动刀甚微，而难解处则划然已解，如土之崩委于地也。**提刀而立，为之而四顾，**言已解其难解，故提刀四顾，以畅其怀也。**为之踌躇**四顾也。言仍四顾其难解之状也。**满志，**快于心也。**善刀而藏之。"**善拂拭其刀而藏之也。**文惠君曰："善哉！吾闻庖丁之言，得养生焉。"**

此《养生主》一篇立义，只一庖丁解牛之事，则尽养生主之妙，以此乃一大譬喻耳。若一一合之，乃见其妙。庖丁喻圣人，牛喻世间之事，大而天下国家，小而日用常行，皆目前之事也。解牛之技，乃治天下国家，用世之术智也。刀喻本性，即生之主，率性而行，如以刀解牛也。言圣人学道，妙悟性真，推其绪余，以治天下国家，如庖丁先学道，而后用于解牛之技也。

初未悟时，则见与世龃龉难行。如庖丁初则满眼只见一牛耳，既而入道已深，性智日明，则看破世间之事，件件自有一定天然之理。如此则不见一事当前，如此则目无全牛矣。既看破世事，则一味顺乎天理而行，则不见有一毫难处之事，所谓"技经肯綮之未尝"也。以顺理而行，则无奔竞驰逐以伤性真，故如刀刃之十九年若新发于硎，全无一毫伤缺也。以圣人明利之智，以应有理之事务，则事小而智钜，故如游刃其间，恢恢有余地矣。若遇难处没理之事，如筋骨之盘错者，不妨小心戒惕，缓缓斟酌于其间，则亦易可解，亦不见其难者。至人如此应世，又何役役疲劳，以取残生伤性之患哉？故结之曰："闻庖丁之言，得养生焉。"而意在至人率性顺理，而无过中之行，则性自全而形不伤耳。善体会其意，妙超言外。此等譬喻，唯佛经有之，世典绝无而仅有者，最宜详玩，有深旨哉。

下文言其不善养生之人。

3.3 公文轩 人姓名。**见右师** 官名，介者也。**而惊曰："是何人也？恶乎介也？** 言此是何等人，因何而刖足也。**天与？其人与？"** 言去一足，是天使之欤？抑人为之欤？**曰："天也，非人也。** 复自应之曰："此天使之也，非人也。"**天之生是使独也，** 言右师生而贪欲，自丧天真，故罪以取刖，即是天刑其人，使之独也。**人之貌有与也。以是知其天也，非人也。"** 言人生皆天与之形也。今右师之介其足，即是天使之不全也。**泽雉十步一啄，百步一饮，不蕲畜乎樊中。神虽王，不善也。"** 言泽雉饮啄，虽如此之艰难，亦甘心适性，不肯求人畜于樊笼之中。谓樊中之养，其神虽王，且知困苦，不自安，故以为不善而不求之也。右师贪而忘形，不如泽雉多矣。故其刖也，实天刑之，而不自知耳。

此一节，言不善养生者，见得忘真，见利忘形，自取残生伤性之患，不若泽雉之自适也。

下言虽圣人，苟不能忘情，亦是丧失天真者。故借老子发之。

3.4 老聃死，秦失吊之，秦失，老聃之友也。**三号而出。**言无哀切之情也。**弟子**秦失之弟子。**曰：“非夫子之友耶？”曰：“然。”**言是吾之友也。**“然则吊焉若此，可乎？”**弟子谓：“既为夫子之友，而不尽其哀，其可乎？”**曰：“然。**谓实无哀痛也。**始也吾以为其人也，**言我始与友时，将谓是有道者也。**而今非也。**今日死后，乃知其非有道者也。何以知之？**向吾入而吊焉，有老者哭之，如哭其子；少者哭之，如哭其母。彼其所以会之，必有不蕲言而言，不蕲哭而哭者。**言老少哭之如此其哀，必生时与彼两情相合，而中心有不能自已者，故不蕲哭而哭之哀如此也。**是遁天倍**与悖同。**情，忘其所受，古者谓之遁天之刑。**刑，犹理也。言聃之为人，不能忘情而处世，故有心亲爱于人，故人不能忘。此实自遁天真，忘其本有，古人谓此乃遁丧天真而伤其性者，非圣人也。**适来，夫子时也；**适来而有生，亦顺时而生也。**适去，夫子顺也。**言适死而去，乃造化之所迁。而天真泰然，未尝有去来死生者也。**安时而处顺，哀乐不能入也，**言生则安其时，死则顺其化，又何死有哀，而生可乐耶？达其本无生死故也。**古者谓是帝之县解。”**帝者，生之主也。性系于形，如人之倒悬。今超然顺化，则解性之悬矣。**指穷于为薪，火传也，不知其尽也。**言形虽化，而性常存，如薪尽而火存。有形相禅，如薪火相传，是则生生而不已，化化而无穷，故如薪火之传，不知其尽也。

此言性得所养，而天真自全，则去来生死，了无拘碍。故至人游世，形虽同人，而性超物外，不为生死变迁者，实由得其所养耳。能养性复真，所以为真人，故后《人间世》，即言真人无心而游世，以实庖丁解牛之譬，以见养生主之效也。篇虽各别，而意实贯之。

庄子内篇注卷之三

人间世第四

此篇盖言圣人处世之道也。然养生主乃不以世务伤生者，而其所以养生之功夫，又从经涉世故以体验之。谓果能自有所养，即处世自无伐才求名、无事强行之过；其于辅君奉命，自无夸功溢美之嫌。而其功夫，又从心斋坐忘，虚己涉世，可无患矣。极言世故人情之难处，苟非虚而待物，少有才情求名之心，则不免于患矣，故篇终以不才为究竟。苟涉世无患，方见善能养生之主，实于前篇互相发明也。以孔子乃用世之圣人，颜子乃圣门之高弟，故借以为重，使其信然也。

4.1　颜回见仲尼，请行。曰："奚之？" 仲尼问何往。**曰："将之卫。"曰："奚为焉？"** 意谓虽颜子之仁人，亦不勉无事强行之过。**曰："回闻卫君，** 蒯聩也。**其年壮，** 壮年盛气之时。**其行独。** 言很戾自用，拒谏妄为也。**轻用其国，而不见其过。** 言不恤民，轻视其国，不自知其过。**轻用民死，** 言不恤民，故民死亡者众。**死者以国量乎泽若蕉，** 言以国比乎泽，而民之死者相枕籍，若泽中之蕉也。**民其无如** 往也。**矣。** 言民受困，无所往告矣。**回尝闻之夫子曰：'治国去之，**言国已治，不以无功而干禄。**乱国就之。**言戡乱扶危，以安民也。**医门多疾。'**谓善救时者，如良医之门多疾人也。**愿以所闻思其则，**盖回素闻夫子之言如此，故愿以所闻，思其法则，将以匡正卫君也。**庶几其国有瘳乎！"**言庶几使民免其疾苦也。**仲尼曰："嘻，**惊叹也。**若殆往而刑耳！**言汝甚欲往，必遭其刑耳。**夫道不欲杂，**谓学道当专心一志，不可杂乱其心。**杂则多，多则扰，扰则忧，忧而不救。**言心杂则以多事自扰，扰则忧患而不可救。**古之至人，先存诸己而后存诸人。**言古之至人涉世，先以道德存乎己，然后以己所存施诸人。即此二语，乃涉世之大经，非夫子不能到此。**所存于己者未定，何暇至于暴人之所行！**谓颜回道德未充，自修不暇，又何暇至暴人之所乎？**且若**汝也。**亦知夫德之所荡，而知之所为出乎哉？**荡，散也，出露也。**德荡乎名，知出乎争。**德之不能保全者，为名之荡也，名荡而实少矣。知之发露于外者，以启争之之端也。**名也者，相轧也；**轧，轧机声也。言名者乃彼此相挤轧，不得独擅也。**知也者，争之器也。**才知一露，人人忌之，则由此而致争，不相安也。**二者凶器，非所以尽行也。**言才德、知术二者，乃招患之端，为凶器也，岂可以尽行乎？**且德厚信矼，**矼，确实貌。**未达人气；**谓我以厚德确信加人，必先要达彼之气味，与我投与不投。**名闻不争，未达人心，**言我虽不争名闻于彼，且未达彼之人之心，信否何如。**而强以仁义绳墨之言術**当是衔字。**暴人之前者，是以人恶**

有其美也，命之曰灾人。灾人者，人必反灾之。若殆为人灾夫。言己虽确信虚己致彼，且未审彼之气味不达心志，即以仁义绳墨之言规谏于彼，恐一旦致疑而不信，则将以汝为因扬彼之恶，而显己之美，所谓未信则为谤己也。此谓之灾害于人，凡灾人者，人必反灾之。汝不审彼己而强行，殆为彼人灾之也。**且苟为悦贤而恶不肖，恶用而**汝也。**求有以异？**且彼卫君，诚有悦贤而恶不肖之心，则彼国自有贤者，何用汝特往而求以显异耶？**若**汝也。**唯无诏，**言汝必不待诏而往。**王公必将乘人而斗其捷，**言女非诏命而往，则彼王公必将乘人君之势，与汝斗其捷胜，而不纳其言。**而**汝也。**目将荧之，**言汝见人君之势以加凌之，则必自失其守，眼目眩惑之矣。**而色将平之，**眼目一眩，必将自救，而容色平和，以求解矣。**口将营之，**容貌既已失措，而口必营营，以自救也。**容将形之，**容貌、言辞一失，则全身不觉放倒迁就也。**心且成之。**外貌一失，则内心无主，必将舍己而就彼，返成其恶也。**是以火救火，以水救水，名之曰益多。**言女初心欲彼改恶，而竟返成其恶，是以水火而救水火，但增益其多耳。**顺始无穷，**言始则将顺，而彼之恶竟无穷。**若**汝也。**殆以不信厚言，必死于暴人之前矣！”**若彼不见信，而遽加之以忠厚之言，是谓交浅言深，彼将致疑，而返以为谤，如此则必死无疑矣。

此一节，言涉世之大者，以谏君为第一。若人主素不见信，而骤以忠言强谏，不唯不听，且致杀身之祸。此非夫子之大圣，深达世故、明哲保身者，其他孰能知此哉？颜子有所未至也。此为人间世之第一件事，故首言之。

4.2 **“且昔者桀杀关龙逢，纣杀王子比干，是皆修其身以下伛拊人之民，以下拂其上者也，**言龙逢、比干，以忠立名，而竟见杀者，盖为居臣下之位，而伛拊人君之民者。伛拊，言曲身拊恤于民，以示怜爱之状也。谓人君不爱民，而臣下返为之爱恤，是自要名，以拂逆人主之心，此所以见怒而取杀也，岂非好名取死之道耶？**故其君因其修以挤之。是好名者也。**言二子好名而修身，以拂人君，故人君因其修身而挤害之，是好名之过也。**昔者尧攻丛枝、胥敖，**二国名。**禹攻有扈，**国名。**国为虚厉，**使其国为空虚，死其君为厉鬼。**身为刑戮，**亲身操其杀戮。**其用兵不止，其求实无已，**谓二圣自以为仁，将除暴救民，是皆求为仁之实无已，故用兵不止，以此好名，以滋杀戮。**是皆求名实者也，**求仁之名而行杀伐，名成而实丧矣。**而**汝也。**独不闻之乎？名实者，圣人之所不能胜**平声。**也，**言名实，虽二圣人且不能胜而全有之。**而况若**汝也。**乎？”**

此谓颜子无事强行，求名之实，必不能全，以明往而刑之之必然也。且名实，圣人犹不能全，而况凡乎？

上文夫子以教其必不可往，下又问其往之之道。

4.3 “虽然，若汝也。**必有以也，尝以语我来。”**来，语辞。夫子谓：“虽然我如此说，其势必不可往，不知汝将何术以往耶？当以语我，试看何如。”**颜回曰：“端而虚，勉而一，则可乎？”**回谓：“我无他术，但端谨其身，以虚其心，不以功名得失为怀，更勉一其志，不计其利害，如此则可乎？”**曰：“恶！恶可！**言其甚不可也。**夫以阳为充孔扬，采色不定，**阳者，盛气。言卫君壮年，负骄胜之气，女以小心端谨事之，则益充满彼之盛气，而志更大飞扬，将发现于颜面矣。采色不定，喜怒不常也。**常人之所不违，**言彼喜怒不常之气性，即寻常执侍之人，亦不敢违，况汝未同与言之人乎？**因案人之所感，以求容与**自快之意也。**其心。名之曰日渐之德不成，而况大德乎？**言彼拒谏之人，即汝以言感发之，彼即定将所感之言，返案于女，以求容与以快其心，不但不听而已。如此饰非之人，即日渐小德亦不成，况大德乎？**将执而不化，外合而内不訾，**毁也。**其庸讵可乎？”**言彼将固执己志而不化，纵汝能端虚而外谨，勉一而内不毁，竟有何用乎？言其必无功效，徒费精神耳。

此一节，言强梁拒谏之人，纵以忠谨事之，只增益其盛气，亦无补于德，终无益也。

4.4 “然则我内直而外曲，成而上比。此颜回闻夫子之言，以端虚勉一必不能行，又思其则，以内直、外曲、上比古人，挟此三术以往，其事必济矣。**内直者，与天为徒。**此颜回自解三术之意。言内直与天为徒者，言人之生也直，此性本天成，则彼我同此性也，故曰“与天为徒”。谓彼亦人耳，既同此性，苟言之相符，宁无动于中乎？**与天为徒者，知天子之与己，皆天之所子，而独以己言，蕲乎而人善之，蕲乎而人不善之耶？若然者，人谓之童子，是之谓与天为徒。**言既天性本同，则人君与我皆天之子也。我但直性而言之，亦不必求其彼之以我言为善、为不善。我唯尽此真纯无伪之心，如此则彼以我如赤子之心矣。此又有何患焉？**外曲者，与人为徒也。擎跽曲拳，人臣之礼也。人皆为之，吾敢不为耶？为人之所为者，人亦无疵焉，是之谓与人为徒。**外曲者，谓曲尽人臣之礼也，不失其仪，又何疵焉？**成而上比者，与古为徒。其言虽教谪**谪，谓指谪是非也。**之实也，古之有也，非吾有也。若然者，虽直不为病，是之谓与古为徒。**成者，引其成言也。上比者，上比古人也。故其言虽谪之，而明言是非，而所言皆实，乃古人之言，非我之虚谈也。如此，则言虽直，以非我出，则不以为病矣。**若是则可乎？”**以此三术，则庶几可乎？**仲尼曰：“恶！恶可！**叹其必不可也。**太多政法而不谍。**政法，犹法则也。谍，犹安妥，谓稳当也。言挟上三术而法则太多，犹不稳当也。**虽固，亦无罪。虽然，止是耳矣，夫胡可以及化！犹师心者也。”**言以此三术，固亦不得罪，然止是如此而已耳，亦不能使彼心化也。何也？以三术皆出有心，未能忘我，且己未成，焉能化彼哉？

此一节言三术，从孔子“君子有三畏”中变化出来。与天为徒，畏天也；与人为徒，畏大人也；与古为徒，畏圣人之言也。但议论浑然无迹，言此三事，亦非圣人大化之境界，止于世俗之常耳。意在言外。

4.5　颜回曰：“吾无以进矣，言回之学问止此而已，更无以进矣。**敢问其方。”**请问夫子之教以何法也。**仲尼曰：“斋，吾将语若。**言须斋心，待听我之教也。**若**汝也。**有而为之，其易耶？**言汝有心而为之事，自己未化，便欲化人，岂容易耶？**易之者，皞天不宜。”**以有心之事为容易者，其心不真，故上天所不宜。**颜回曰：“回之家贫，唯不饮酒不茹荤者数月矣。若此，则可以为斋乎？”**此颜子未知心斋也。**曰：“是祭祀之斋，非心斋也。”回曰：“敢问心斋。”仲尼曰：“一若志，**专一汝之心志。**无听之以耳，而听之以心；**言返闻于心性。**无听之以心，而听之以气。**心尚未忘形，气则虚，而形与化之矣。**听止于耳，心止于符。**谓心冥于理也。**气也者，虚而待物者也。**言心虚至极，以虚而待物。**唯道集虚。**虚乃道之体也。**虚者，心斋也。”**教颜子之心斋，以主于虚也。

颜子多方，皆未离有心，凡有心之言，未忘机也。机不忘，则己不化。故教之以心斋，以虚为极。虚则物我两忘，己化而物自化耳。

4.6　颜回曰：“回之未始得使，实自回也；言未受教时，自以为有己。**得使之也，未始有回也，可谓虚乎？”**一闻心斋之教，顿忘其己，此忘己可谓虚乎？回于一言，顿悟如此。**夫子曰：“尽矣！**谓心斋之理，尽于此矣。**吾语若：**言汝有受教之地矣，故将语之。**若**　汝也。**能入游其樊，**樊，谓藩篱，谓世网中也。**而无感其名，**言能游人世，虚己忘怀，无以智巧以感动人，而要其名。**入则鸣，不入则止。**言不可执一定成心而往，但观其人，精神气味，相入则言，不入则止，不可强行。**无门无毒，**门者，言立定一个门庭。毒，即瞑眩之药，谓必瘳之药。此二者有患，皆不可用也。**一宅而寓于不得已，则几矣。**一宅者，谓安心于一，了无二念。即其所言，当寓意于不得已而应之，切不可有心强为。如此，则庶几乎可耳。**绝迹易，无行地难。**言逃人绝世尚易，独有涉世无心，不着形迹为难，即老子“善行无辙迹”。**为人使易以伪，为天使难以伪。**圣人应世，乃天之使也。若是为人之使，容可以伪。圣人乘真心而御物，又安可以伪乎？**闻以有翼飞者矣，未闻以无翼飞者也；**此有心、无心之喻也。言世人有心为事，而成者有之；若无心应物，而使人感化，若无翼而飞者，此未之闻也。**闻以有知知者矣，未闻以无知**

知者也。言世人皆以有知而知之者。圣人以无知而知者，盖言忘形绝智，以无心而应物者。此其难者，未之闻也。**瞻彼阕者，虚室生白，**此心虚之喻也。谓室中空虚，但有缺处，则容光必照，而虚室中即生白矣。以喻心虚，则天光自发也。**吉祥止止**。言有心而动，则祸福随之，所谓吉凶、悔吝，生乎动者也。今若心虚无物，则一念不生，虚明自照，悔吝全消，惟吉祥止止。而言此虚心，乃吉祥所止之处也。**夫且不止，是之谓坐驰**。言人心皆本虚明，第人不安心止此，私欲萌发，则身坐于此，而心驰于彼，是之谓坐驰。**夫徇耳目内通，而外于心知，鬼神将来舍，而况人乎？**徇，作殉，犹丧失也。言丧耳目之见闻，返见返闻，故云"内通"。若内通融于心体，真光发露，则不用其妄心妄知。如此，则虚明寂照，与鬼神合其德，故鬼神将来舍矣，而况于人而不感化乎？此无翼而飞者也，此教回之极处也。**是万物之化也，**谓丧耳目，则形自忘；外心知，则智自泯。则物我两忘，我忘物化，则万物尽化为道矣。**禹、舜之所纽**枢纽。**也，伏羲、几蘧**古圣君也。**之所行终，而况散焉者乎？"**言物我兼忘，万物尽化，此混归大道之原。即禹之神圣，亦执为枢纽；而伏羲、几蘧之大圣，御世终身所行；而况散民乎？颜回能以此用世，又何强行之有哉？

此言涉世，先于事君，此言辅君之难也。苟非物我两忘，虚心御物，不得已而应之，决不能感君而离患。若固执我见，持必然之志而强谏之，不但无补于君，且致杀身之祸。此龙逢、比干之死，皆是之过也。

下言使命之难。

4.7 叶公子高叶公名梁，字子高，楚大夫也。**将使于齐，问于仲尼曰：“王使诸梁也甚重。**意将有兵革之事。**齐之待使者，盖将甚敬而不急。**言齐君待使者，貌虽恭而心甚慢，不能应使者之急事。**匹夫犹未可动也，而况诸侯乎？**言楚之事甚急，而齐若慢之，则不敢轻意催促。且匹夫尚不可轻动，况诸侯乎？**吾甚栗之。**恐误国事而取罪，故甚恐惧也。**子常语诸梁也曰：‘凡事若小若大，寡不道以欢成。**尝忆夫子教我，谓事无大小，必以欢成。倘齐之不欢，则事难济矣。此所以恐也。**事若不成，则必有人道之患；**言事若不成，君能无罪我乎？是必有人道之患也。**事若成，则必有阴阳之患。**言齐倘不急，必多方劳虑，委曲求成，则焦劳之病，乃阴阳之内患也。**若成若不成，而后无患者，唯有德者能之’。**有德者，谓全德之圣人也。意谓事之成与不成，俱无患者，唯圣人虚心应世，不以物为事者能之也。**吾食也执粗而不臧，**善也。谓不甘美之厚味也。**爨无欲清之人。**言我之饮食淡薄，无多烹庖，故执爨之人，无有怕热而求清凉者。**今吾朝受命而夕饮冰，我其内热欤！**言素无厚味，故无内热之症。今朝受命而夕饮冰，则火症内发，乃忧愁焦思以动其火耳，其内热之病欤。**吾未至乎事之情，**实也。**而既有**

阴阳之患矣。言未就事，早有阴阳失错、内热之病矣。**事若不成，必有人道之患**。事若不成，国君能无罪我乎？此人道之患，所不免者。**是两也，为人臣者不足以任之**。言此两患在身，事不由己，故为人臣者所不能任之也。**子其有以语我来。**”愿夫子有以教我也。

此言人臣以使命为难也。以为人臣者，但以一己功名为心，故事必求可，功必求成，以此横虑交错于胸中，劳神焦思之若此。乃举世人臣使命之难，绝不知有所处之道，故不免其患耳。故夫子教以处之之方，意有一定之命、一定之理，安顺处之，自无患耳。若持必可之心，固所不免也。

下夫子教其“莫若致命，此其难者”，将此起语为结。

4.8　仲尼曰：“天下有大戒二：大戒者，谓世之大经、大法也，乃君亲之命不可易者。**其一，命也；其一，义也**。**子之爱亲，命也，不可解于心；臣之事君，义也，无适而非君也**。庄子诽仁义，独于人之事君，以义为主，又以死忠为不善。今言人臣之事君，无往而非君，乃忠之盛也。此老何曾越世故耶？**无所逃于天地之间，是之谓大戒**。言世之君亲之命无所逃，此乃世之大经、大法之不易者。**是以夫事其亲者，不择地而安之，孝之至也；**言子之事亲，无往而非亲命，则不敢择地而安之，此乃孝之至也。**夫事其君者，不择事而安之，忠之**

盛也。言事君者，唯命是听，不敢以难易二其心，乃忠之盛也。故古人耻贰心以事主者。**自事其心者，哀乐不易施乎前，**言孝则当竭其力，忠则尽乎命，以尽心尽命为主，不以难易推移之志。此事心之大者，不以哀乐入于心也。**知其不可奈何而安之若命，德之至也**。言人臣之分，知其事之难无可奈何，亦不敢贰心相视，但安之若命。安命则忘其难易，此乃德之至也。**为人臣子者，固有所不得已。行事之情而忘其身，**言人之臣子，固有不得已之事，但当尽命以忘其身以从事。**何暇至于悦生而恶死？**言臣子尽命而已，岂敢以生死为去就哉？**夫子其行可矣。”**教叶公但当如此而行，可矣。

《庄子》全书，皆以忠孝为要名誉、丧失天真之不可尚者，独《人间世》一篇，则极尽其忠孝之实，一字不可易者。谁言其人不达世故，而恣肆其志耶？且借重孔子之言者，曷尝侮圣人哉？盖学有方内、方外之分。在方外，必以放旷为高，特要归大道也；若方内，则于君臣、父子之分，一毫不敢假借者，以世之大经、大法，不可犯也。此所谓世出世间之道，无不包罗，无不尽理，岂可以一概目之哉？

4.9 “丘请复以所闻：前概言君臣、父子之分义，此下方复言使命之理。**凡交近则必相靡以信，**靡，顺也。信，符也。凡交近国，必须符验，则不假辞令。**交远则必忠之以言**。若交远国，则必忠之辞令，以合二国之欢。**言必或传之。**谓言必要使者口传。**夫传两喜两怒之言，天下之难者也。**言之所系，安危以之，而祸福随至。**夫两喜必多溢美之言，两怒必多溢恶之言。**病在于溢。**凡溢之类妄，**溢美、溢恶，出于过用智巧，故失其本真，故曰“妄”。**妄则其信之也莫，**以言不至诚，故听之者亦莫然不信。**莫则传言者殃。**既不相信，则罪在传言者殃矣。**故法言曰：‘传其常情，无传其溢言，**常情，乃真实无妄之言。**则几乎全。’”**庶几免祸。

此一节，言使命之难，以两家之利害，皆在一己担当。若溢而过实，则令听者生疑不信，是为生祸之本，而传者必受其殃。所以贵乎真实无妄，庶几可保全耳。

下文申明，虽苟全目前之事，而终必为害。甚矣！言之不易，不可不谨慎其始也。

4.10　“且以巧斗力者，始乎阳，常卒乎阴，太至则多奇巧；此言慎始慎终之道也。且始以巧斗力者，乃以戏剧相格斗也。始则两情相嬉，及其过甚，则有求胜之心，必各用其奇巧；奇巧一出，则必有一伤；伤即认真，至不可解，则终之以怒矣。阳，犹喜。阴，犹怒也。**以礼饮酒者，始乎治，常卒乎乱，太至则多奇乐。凡事亦然，**且如饮酒者，初则宾主秩然有礼，及至酒酣乐剧，乐剧则乱必随之。不独巧斗、饮酒，凡事皆然。**始乎**

谅，常卒乎鄙；谅者，不择是非而必信。鄙，诈也。且如人之交情，始则肝胆相照，必信不疑，久则鄙诈之心生焉。**其作始也简，其将毕也必巨。**不独人情，即作事，始作必以简省为主，其将毕也必巨，自有不可收拾者。盖势之必至也。**言者，风波也；行者，实丧也。**凡事不能保其始终，而言行犹甚。盖言者，风波也，乃是非所由生；行者，实之所自发，行成而实丧矣。故曰“言行，君子之枢机，荣辱之主也”。故当所必谨者，岂可妄乎？**夫风波易以动，实丧易以危。**风波则易以倾覆，实丧则易取殆辱。知此，则知所慎矣。**故忿设无由，巧言偏辞。**故凡人忿怒之设，实由巧言偏辞以激发之。**兽死不择音，气息茀然，于是并生心厉。**茀，勃然也。厉，鬼病也。谓巧言偏辞以激怒其人，以致怒气勃然而发，则不择可否而横出之，如兽死之不择音，则使听者以为实然，则并皆心生鬼病而不可治矣。**克核太至，则必有不肖之心应之，而不知其然也。**谓听言激怒之人，乘其怒气，则于所怒之人，必以横口非理加之，毫发推求，不少宽假，而克核之。若克核太至，则彼被怒之人，亦必以不肖之心应之。是则两家之祸成矣，虽成而竟不知其所以然也。所以然者，盖由巧言偏辞也。**苟为不知其然也，孰知其所终？**若苟知其巧言之过，则尚可解。若不知其所由言然，则两家之祸，将不知其所终矣。**故法言曰：‘无迁令，无劝成。**由其巧言偏辞为祸之端，害事之甚，故奉使者必不可溢言，无迁改其令，无劝其成，免后祸也。**过度益也。’迁令、劝成殆事。**凡增益者，乃过其度也。迁令、劝成，终必坏事，必不可也。**美成在久，恶成不及改，可不慎欤！**凡事不宜速成，故美成在久。若强勉恶成，则不及改矣。不可不慎也。**且夫乘物以游心，托不得已以养中，至矣。**此方教以使命之正道也。惟有至人，物我兼忘，顺物之自然，以游心于其间。事不可有心以强成，当托于不得已而应之，以养中正之道，而不失其守。如此应世，可谓至矣。**何作可报耶？莫若为致命，此其难者。"**此结，乃起语也。言使命者何所作为，乃可报也？莫若致命，谓在事之成否，自有一定之天命。即今奉使，又有一定之君命。知天命之不可违，则当安命，顺其自然，不可用心以溢言，侥幸以成功。知君命之不可违，则不可迁令以劝成，以免后祸。此所谓致命之意。此必至人方能，寻常人则不易，故曰"此其难者"。

此一节，言应世之难者，无愈使命。如叶公之所忧者，固然。而夫子之言，皆使命之至情，祸福之枢机，切中人情之极致，所谓"士见危致命"者。非夫子大圣，深于世故者，又何以致此哉？

4.11　颜阖将傅卫灵公太子，蒯聩也。**而问于蘧伯玉**名瑗，卫之贤人，孔子之友也。**曰："有人于此，其德天杀。**去声，降也。谓天生低品之人也。**与之为无方，**谓不以法度规之也。**则危吾国；与之为有方，则危吾身。**若以法度绳墨之、言谏之，则必不信而见尤，则危吾身。**其知**去声。**适足以知人**

之过，而不知其所以过。谓其人聪明，足以摭拾人之过，而不知已之过。**若然者，吾奈之何？”蘧伯玉曰：“善哉问乎！**善其问于我也。**戒之，慎之，**言此人不可轻意犯之者。**正汝身哉。**当先正己，而后事之。**形莫若就，**言其人很戾，不可逆之，宜将顺其美，而后救其恶。**心莫若和。**言中心不可以不善而逆之，故莫若和。**虽然，之二者有患。**虽然形就心和，亦未免患。形就，将与己同；心和，则将为悦己。以此纵之，则不敢以规谏，故有患。**就不欲入，**言形虽就，不可全身放倒也。**和不欲出。**出者，谓显己之长，形彼之短，故不欲出。**形就而入，且为颠为灭，为崩为蹶；**若放身阿谀，承顺其恶，则返成其恶，将取颠灭崩蹶之祸。**心和而出，且为声为名，为妖为孽。**若少露圭角，则彼将以己之恶而收为声名，其心必忌之而为妖孽矣。故此二者皆有患也。**彼且为婴儿，亦与之为婴儿；**婴儿，言彼无知识也。**彼且为无町畦，亦与之为无町畦；**町畦，言无墙堑，谓全无检束也。**彼且为无崖，亦与之为无崖；**崖，谓无崖岸，言放荡无拘也。**达之，入于无疵。**言先且于一切举动，不可一毫有逆其意；待彼久久相信而不疑，则渐渐因事引达，以入无过之地。此正所谓将顺其美，匡救其恶，可无患也。**汝不知夫螳螂乎？怒其臂以当车辙，不知其不胜任也，**此喻不量力而逆之也。螳螂怒臂以当车辙，其志则似矣，而不知其力不胜任也。**是其才之美者也。**言螳螂恃其才之美者，但不量己力耳。谓盍才虽美，至若尽力以事暴君，恐不免其患也。**戒之，慎之，积伐而**

美者以犯之，几矣。言汝积伐己之美才，而挺身以犯暴君之难，若螳螂之怒臂，其不免于死者几矣，可不戒慎之哉？**汝不知夫养虎者乎？不敢以生物与之，为其杀之之怒也；**若以生物，则长其杀心。**不敢以全物与之，为其决之之怒也。**全物与之，则令虎决裂，而生其怒也；虎怒则发威，猛而不可制矣。**时其饥饱，达其怒心。虎之与人异类，而媚养己者，顺也；故其杀者，逆也。**养虎而不知顺其性，则被其杀无疑矣。**夫爱马者，以筐盛矢，**矢，即粪也。**以蜃盛溺。**尿也。**适有蚊虻仆缘，而拊之不时，则缺衔**则怒而断其衔勒也。**毁首碎胸。**言马之怒，则毁碎胸首之络辔也。**意有所至而爱有所亡，**言虽爱马之至，若拊之不时，一触其怒，则将断勒毁辔矣，又何顾其爱哉？**可不慎耶？”**爱马之喻，尤切事情。三喻，乃事暴君之大戒也。

此言辅君之难也。已上三者，皆人间世之难者。意谓夫游人间世者，必虚心安命，适时自慎，无可不可，乃可免患。若不能虚心，恃知妄作，无事而强行者，颜回是也；若不能安命，多忧自苦，当行而不行者，叶公是也。二者皆非圣人所以涉世之道，而当以孔子之言为准也。若其必不得已而应世，以事人主，必将顺其美，匡救其恶，以竭其忠。尤当以戒慎恐惧，达变知机，不可轻忽，不可恃才轻触，以取杀身之祸。此又当以蘧伯玉之言为得也。涉世人情之曲折，极尽于此矣。是必取重仲尼、伯玉，乃可免患耳。

上言材能之累，下以不才以全生。

4.12 匠石之齐，至于曲辕，地名。见栎社树，其大蔽牛，絜之以两手絜之。百围，其高临山十仞而后有枝，言树身分之长大也。其可以为舟者旁十数。言正身之外，旁枝可为舟者，有十数也。观者如市。人以为大且美，故观之者众。匠伯不顾，遂行不辍。止也，谓不顾其树而行不止也。弟子厌饱足也。观之，走及匠石，曰："自吾执斧斤以随夫子，未尝见材如此其美也。先生不肯视，行不辍，何耶？"曰："已矣，勿言之矣！散木也。以为舟，则沉；以为棺椁，则速腐；以为器，则速毁；以为门户，则液樠；谓门枢引水，则液樠然而泚。以为柱，则蠹。是不材之木也，无所可用，故能若是之寿。"匠石归，栎社见梦曰："汝将恶乎比予哉？若将比予于文木耶？夫柤梨橘柚果蓏之属，实熟则剥则辱。大枝折，小枝泄。此以其能，苦其生者也。故不终其天年而中道夭，自掊击言掊取而击折之也。于世俗者也。物莫不若是。且予求无所可用久矣，几死，乃今得之，几死者，谓寻常人不知我不材，几乎被伐者数矣。今幸而得全。为予大用。以不材全生，为我大用。使予也而有用，且得有此大也耶？若使我有用，必不能此之大也。且也若与予也皆物也，奈何哉其相物也？言汝与我，同为天地间之一物耳，奈何汝恃有用，而以我为无用耶？**而几死之散人，又恶知散木？”**言汝乃几死之散人，而不自知，且又鄙我为散木，是自不知量也。**匠石觉而诊其梦。**觉而为弟子说其梦。**弟子曰：“趣取无用，**趣，乃意趣，犹言意思也。谓意思取无用，而为社者，何也？**则为社，何耶？”曰：“密！若无言！**谓汝不必声说也。**彼亦直寄焉，**然直是以社寄于此木，非是此木有心要作社也。**以为不知己者诟厉也。**谓常人不知寄托之意，遂以此木真真是社，以此名而诬害之也。**不为社者，且几有翦乎？**言此木即不为社，又岂有翦伐者乎？**且也彼其所保与众异，而以义誉之，**谓彼木所以保其天年者，以不材而全生，故与众异。而人不知，乃以利人长物、禁暴除非之义誉之。**不亦远乎？”**

此言栎社之树，以不材而保其天年，全生远害，乃无用之大用。返显前之恃才妄作、要君求誉以自害者，实夭壤矣。此庄生轻世肆志之意，正在此耳。

下历言无自全之意，以喻己志。此立言之指也。

4.13　南伯子綦游乎商之丘，见大木焉，有异：谓有异于众木。**结驷千乘，隐将芘其所藾。**言千驷之车马，隐息于树下，而树之枝叶皆能庇荫之也。**子綦曰：“此何木也哉？此必有异材。”**不知其不材，故异之也。**夫仰而视其细枝，则**

拳曲而不可以为栋梁；俯而视其大根，则轴解言本身之解散也。而不可以为棺椁；咶其叶，则口烂而为伤；嗅之，则使人狂酲，三日而不已。言叶之恶气熏人，令人狂酲如醉而不醒也。子綦曰："此果不材之木也，以至于此其大也。嗟夫，神人以此不材。"言子綦因试知其木不材，乃知神人以不材、无用而致圣也。宋有荆氏者，宜楸柏桑。其拱把而上者，求猿狙之杙取猿狙之具也。者斩之；三围四围，求高名之丽屋栋也。者斩之；七围八围，贵人富商之家求樿傍乃棺木之全傍边也。者斩之。故未终其天年，而中道之夭于斧斤，此材之患也。此甚言材之为害，以见不材之得全也。故解之解者，祭祀解赛也。古者天子有解祠，谓解罪求福也。出《汉书·郊祀记》。以牛之白颡言色不纯也。者，与豚之亢鼻言形不美。者，与人有痔病者，不可以适河。以人祭河，谓人为巫祝也。又《汉书》有为河伯娶妇，选童男女之美者，投之河中，谓之适河。此事或古亦有之。此皆巫祝以知之矣，所以为不祥也。言此三者，小有不材，足以全生，况神人以无用而自全者乎？此乃神人之所以为大祥也。

此极言不材之自全，其明材美之自害也。唯神人知其材之为患，故绝圣弃智，昏昏闷闷，而无意于人间者。此其所以无用，得以全身养生，以尽其天年也。此警世之意深矣。

4.14　支离疏者，此假设人之名也。支离者，谓隳其形。疏者，谓泯其智也，乃忘形去智之喻。**颐**口傍两颐也。**隐于脐，肩高于顶**，两颐隐于脐，则其背偻可知。**会撮**发髻也。**指天**，言背偻而项仰也。**五管在上**，谓五脏之腧，随背而在上也。**两髀为胁**。髀，大腿也。言大腿为两胁，则形曲可知。**挫针**缝衣也。**治繲**，浣衣也。**足以糊口；鼓荚播精**，言簸米出糠稗也。此就其形之曲戾而可为之事也。**足以食十人**。言形曲，簸米则有力，故取值多，可以食十人也。**上征武士，则支离攘臂于其间**；言形既支离，故不畏其选，故攘臂于其间。**上有大役，则支离以有常疾不受功**；言大役难免，而支离又以疾免。**上与病者粟，则受三钟与十束薪**。言以疾，则多得其赐。**夫支离其形者，犹足以养其身，终其天年，又况支离其德者乎**？

此言支离其形，足以全生而远害，况释智遗形者乎？此发挥老子“处众人之所恶，故几于道”之意。前以木之材、不材以况，此以人喻，亦更切矣。

4.15　孔子适楚，楚狂接舆游其门曰：“凤兮凤兮，何如德之衰也。来世不可待，往世不可追也。天下有道，圣人成焉；言天下有道，则成圣人之事业也。**天下无道，圣人生焉**。言天下无道，则圣人全生而已。**方今之时，仅免刑焉**。

言方今之时，仅能免害足矣，何敢言功。**福轻乎羽，莫之知载；**言福之自取甚易，而又不肯受。**祸重乎地，莫之知避。**言世人之迷，冒祸以求利也。**已乎，已乎，**言自叹其当止也。**临人以德；殆乎，殆乎，**殆者，免而不安也。言方今之时，若以德临人，以才自用，其危之甚也。**画地而趋。迷阳迷阳，无伤吾行；**言方今之人，画地而趋者，迷昧之甚也，岂能效之而行哉？行则有伤吾之固有也。**吾行郤曲，**言行不进貌。**无伤吾足。"**言世道难行，若行之，适以伤吾之足耳。**山木，自寇也；**山以生木，自取寇斫也。**膏火，自煎也。**膏以明，故自煎耳。**桂可食，故伐之；**桂以可食，故早伐也。**漆可用，故割之。**漆以泽，故自取割之。**人皆知有用之用，而莫知无用之用也。**

此《人间世》立意，初则以孔子为善于涉世之圣，故托言以发其端。意谓虽颜子之仁智，亦非用世之具，不免无事强行之过也。次则叶公，乃处世之人，亦不能自全，况其他乎？次则颜阖，乃一隐士耳，尔乃妄意干时，乃不知量之人也，故以伯玉以折之。斯皆恃才之过也，故不免于害。故以栎社山木之不材以喻之，又以支离疏晓之。是涉世之难也如此，故终篇以楚狂讥孔子，意谓虽圣而不知止，以发己意。

乃此老披肝露胆，真情发现，真见处世之难如此。故超然物外，以道自全，以贫贱自处，故遁世无闷，着书以见志。此立言之本意也。故于《人间世》之末，以此结款，实自叙也。

德充符第五

此篇立意，谓德充实于内者，必能游于形骸之外，而不寝处躯壳之间。盖以知身为大患之本，故不事于物欲，而心与天游。故见之者，自能神符心会，忘形释智，而不知其所以然也。故学道者，唯务实德充乎内，不必计其虚名见乎外，虽不求知于世，而世未有不知者也。故引数子以发之，盖释老子“处众人之所恶，故几于道”之意也。

5.1 鲁有兀 即介字，乃刖足之人也。者王骀，从之游者，与仲尼相若。常季问于仲尼曰：“王骀，兀者也，从之游者，与夫子中分鲁。言鲁国从王骀游者，与夫子相半也。立不教，坐不议；虚而往，实而归。固有不言之教，无形而心成者邪？谓教人不见于形容言语，而但以心相印成者耶？是何人也？”仲尼曰：“夫子，圣人也，丘也直后而未往耳。谓直居其后，未能往向于前耳。丘将以为师，此重言孔子未能忘形师心之意。而况不若丘者乎？奚假鲁国，丘将引天下而与从之。”此形容孔子无我之意。常季曰：“彼，兀者也，而王 音旺，言胜也。先生，其与庸亦远矣。若然者，其用心也独。句。言不同于人也。若之何？”仲尼曰：“死生亦大矣，而不得与之变；不为死生之所迁变。虽天地覆坠，亦将不与之遗；言虽天地覆坠之变，亦不为之所遗累也。审乎无假而不与物迁，审，处也。无假，谓形骸之外，至真之道，超然出于万物之表，故不为物迁。命犹名也。物之化而守其宗也。”谓其人超然物外，不随物迁，唯任物自化，而彼但守其至道之宗也。常季曰：“何谓也？”常季不解其不迁之说。仲尼曰：夫子示之以忘形守真之旨。“自其异者视之，肝胆楚越也；言不能忘形见道者，虽一身之肝胆，犹楚越之相远也。自其同者视之，万物皆一也。自大道观之，万物与我皆一体也。夫若然者，且不知耳目之所宜，形骸既忘，六根无用，故泯其见闻，故不知耳目之所宜。而游心乎德之和。谓超乎形骸之外，而游心于大化之乡、太和元气之境。物视其所一而不见其所丧，物，人也。以彼处乎大化之中，故人但见其道真之所存，故不见其形之有所丧。视丧其足犹遗土也。”言视丧其足，若与己无干，犹遗土也。常季曰：“彼为已，止也，言止于如此而已矣。以其知得其心，谓彼不过以其所知，得其自己之心耳。以其心得其常心，言即彼所得之心，亦寻常人之心耳。物何为最之哉？”言彼所得之心，亦人人皆有，又何有越过人之心哉？仲尼曰：“人莫鉴于流水，而鉴于止水。唯止能止众止。夫子言：“人人虽皆有此心，但众人之心妄动如流水，而圣人之心至静如止水。故众人之心动而不止，唯圣人能为与止之耳。”**受命于地，唯松柏独也在，**句。**冬夏青青；**言独者，乃天地真一之气。虽万物之多，而此真一之气，独在松柏。**受命于天，唯舜独也正，**句。**幸能正生，以正众生。**言受命于天，惟舜得天之正，乃“各正性命”之“正”。故为正人，以其自正，故能正众人之不正者。**夫保始之征，不惧之实。**始者，受命之元，即所谓大道之宗也。言保始，即上文“守宗”，乃守道之人也，其守道之征验，惟不惧是其实效耳。**勇士一人，雄入于九军。将求名而能自要者，而犹若是，**以勇士不惧，以比有道者之不惧。**而况官天地，**圣人为天地之宰。**府万物，**会万物归一己。**直寓六骸，**假借六根。**象耳目，**耳目如偶人，所谓如幻也。**一知之所知，**知万化为一致。**而心未尝死者乎？**死，犹丧失也。谓众人丧失本真之心，唯圣人未丧本有，故能视万物为一己也。**彼且择日而登假，**假，犹遐也。谓彼人且将择日而登遐，远升仙界，而超出尘凡也。**人则从事也。**言人之相从者，盖从于形骸之外也。**彼且何肯以物为事乎？”**

此篇以《德充符》为名，首以介者王骀发挥，只在末后数语，便是实德内充，故符于外。而人多从之，非有心要人从之也。盖忘形骸、一心知，即佛说破分别我障也。能破分别我障，则成阿罗汉果，即得神通变化。今庄子但就人中，说老子忘形释智之功夫，即能到此境界耳，即所谓“至人忘己”也。此“寓六骸，象耳目，一知之所知”，即佛说假观，乃即世间出生死之妙诀，正予所谓修离欲禅也。

5.2　申屠嘉，兀者也，而与郑子产同师于伯昏无人。此亦撰出其人名，盖从老子“众人昭昭，我独若昏”，故以昏为圣人之名。**子产谓申屠嘉曰：“我先出则子止，子先出则我止。”**此重言子产不能忘我，以功名自矜，故耻与介者为伍，故止其不与同出入也。**其明日，又与合堂同席而坐。**言申屠嘉自忘其介，而亦不知子产之厌己也。**子产谓申屠嘉曰：“我先出则子止，子先出则我止。今我将出，子可以止乎？其未耶？且子见执政而不违，**回避也。**子齐执政乎？”**子产见申屠嘉之不避己，故明言之。然以执政矜人，则形容子产之陋也。**申屠嘉曰：“先生之门，固有执政焉如此哉？**申屠嘉鄙子产之陋，乃曰：“先生之门，固有此不能相忘之人哉？”**子而说子之执政而后人者也。**言子但知有己之执政，故以人不若己者，此陋之甚也。**闻之曰：‘鉴明则尘垢不止，止则不明也。久与贤人处则无过。’今子之所取大者，先生也，而犹出言若是，亦不过乎？”**此讥子产之不明也。盖闻老子“自知者明”之意，笑子产不自知也。意谓子产既游圣人之门面，犹发言如此，足见无真学问也。**子产曰：“子既若是矣，**子产言申屠嘉之废人，而不能自反，而与人争善。**犹与尧争善。计子之德，不**

足以自反耶？”德，犹见识也。谓申屠嘉既废如此，而不自反求诸己，而犹且以圣自居，将与尧争善，我计料子之知见诚愚，而不自反也。子产毕竟露出本来面目。**申屠嘉曰：“自状其过，以不当亡者众；**状者，言自知己过之分明也。谓若人能自知己过，则人之过更有甚于我者，如此见恕，则以我之足，不当忘者众矣。**不状其过，以不当存者寡。**此句义似不顺，当去一“不”字。意谓若人不自状其己过，则责我太过，则以我足当存者寡矣。**知不可奈何，而安之若命，惟有德者能之。**若知我无可奈何，而命之使然，如此知命相忘，乃有德能之耳。**游于羿之彀中，中央者，中地也；然而不中者，命也。**羿之善射，而人游于必中之地，不被射而死者，亦幸而免耳。以喻世人履危机，当祸而免者，亦幸耳。谓我以不幸而不免者，岂非命之有在耶？**人以其全足笑吾不全足者众矣，我怫然而怒，**言始也人笑我以足不全，我则怫然如怒。**而适先生之所，则废然而反。**言初未闻道，故未忘人我。今自入先生之门，一闻大道，则人我之见尽废亡矣。**不知先生之洗我以善耶？**言不自知其先生洗我以善也。**吾与夫子游十九年矣，而未尝知吾兀者也。**我与先生游十九年，向未知我之亡足也。**今子与我游于形骸之内，而子索我于形骸之外，不亦过乎？”**言我与子相知以心，即当相忘以道，不当取于形骸之间。今子乃以形骸外貌索我，不亦过乎？**子产蹴然改容更貌曰：“子无乃称。”**子产闻说，则中心愧服，而谢之曰：“子无乃称。”谓再不必言也。

此章形容圣人忘功，故以子产发之。盖实德内充，形骸可外，而安命自得，以道相忘，则了无人我之相。此学道之成效也。

5.3 鲁有兀者叔山无趾，踵见仲尼。仲尼曰：“子不谨前，既犯患若是矣。虽今来，无及矣。”无趾曰：“吾惟不知务 务，谓务学道也。而轻用吾身，吾是以亡足。今吾来也，犹有尊足者存，尊足，盖指性而言也。吾是以务全之也。夫天无不覆，地无不载，吾以夫子为天地，安知夫子之犹若是也。”无趾自以所全者性真，而夫子犹以形骸取之。初以夫子为圣人之大，无所不容，不知其犹若此之区区也。孔子曰：“丘则陋矣！夫子胡不入乎？请讲以所闻。”夫子闻无趾之言，知其为有道者，故请入，愿讲其所闻。无趾出，孔子曰：“弟子勉之！夫无趾，兀者也，犹务学 谓务学道也。以补前行之恶，而况全德 犹全体也。之人乎？”无趾语老聃曰：“孔丘之于至人，其未耶？彼何宾宾以学子为？言初以孔丘为至人，今见其未至也。如此之见识，何以宾宾恭谨以学子为？彼且蕲以諔诡幻怪之名闻，不知至人之以是为己桎梏耶？”桎梏，乃拘手足之刑。言孔子专求务外之名闻，而不务实。彼殊不知，虚名乃諔诡幻怪之具，非本有也。如桎梏之于手足，拘之而不得自在者也。老聃曰：“胡不使彼以死生为一条，以可不可为一贯者，解其桎梏，其可乎？”可不可，谓善恶、是非也。一条，即一贯也。老子谓无趾：“何不以无死生、忘善恶之道以告之，以解其好名之桎梏乎？”**无趾曰：“天刑之，安可解？”**刑，旧注作型，乃土模也。此讥孔子，乃天生成此等务名之人，安可解乎？

此章发挥圣人忘名，故以孔子为务虚名而不尚实德之人。故取人于规规是非、善恶之间，殊不知至人超乎生死之外，而视世之浮名为桎梏。盖未能忘死生、一是非，故未免落于世之常情耳。圣人则不以此为得也。

5.4　鲁哀公问于仲尼曰：“卫有恶人焉，谓丑貌之人也。**曰哀骀它。丈夫与之处者，思而不能去也；**言男子与之相处，则不忍舍去。**妇人见之，请于父母曰‘与为人妻，宁为夫子妾’者，十数而未止也。**言妇人见之，皆愿为之妾者，不止一人也。**未尝有闻其唱者也，**谓未有所长而先见闻于人者也。**常和而已矣。**亦只见随于庸众人而已。**无君人之位以济乎人之死，**言无势位以济人之死。**无聚禄以望人之腹，**望，犹月望之望，谓饱满也。言无位聚禄，以周给于人，以饱人之腹。**又以恶骇天下，**既无利济于人，且又丑貌以骇天下之人。**和而不唱，**言一向随人，自无专能。**知不出乎四域，**言无超出世间常人之见识。**且而雌雄合乎前，**雌雄，犹言争胜负也。谓凡人之是非、胜负不决者，皆取决其人。言此事常合在前。**是必有异**

乎人者也。言貌丑而人从之者众，必有异乎人之所为者也。**寡人召而观之，果以恶骇天下**。及召而观之，果然丑貌，不见其所长。**与寡人处，不至以月数，而寡人有意乎其为人也**；及相处月数，则见其有可爱处，但未尽知耳。**不至乎期年，而寡人信之**。不期年，则信之深矣。**国无宰**，宰，即宰相，掌一国之政事。**寡人传国焉**，言以国事授之也。**闷然而后应**，闷然，若不悦其事也。**氾而若辞**。氾，谓泛然不经心而若辞也。**寡人丑乎**，言见彼之不在意，故自愧丑也。**卒授之国。无几何也，去寡人而行。寡人恤焉若有亡也**，言恤其去，若已有所亡失也。**若无与乐是国也**。察其人之意，盖不以国为乐也。**是何人者耶？”**谓不知是何等之人也，使我爱之如此。**仲尼曰：“丘也尝使于楚矣，适见㹠子食于其死母者。少焉眴若**，见死母之目不瞬也。**皆弃之而走。不见己焉尔**，谓母之目不见己也。**不得类焉尔**。言形僵不同前者之食于母，故皆弃之而走也。**所爱其母者，非爱其形也，爱使其形者也**。形者，假物也。使其形者，真宰也。言㹠之子母，乃天性之爱也。往日食于母，何尝不爱。及今才死，始则就之而食；及见目之不瞬，则知精神不在，故弃之而走。是则死生不远，即弃之而走。是知所爱者，非形骸，乃爱使其形骸之真宰也。虽物之至愚，尚知爱其天真，而况于人乎？**战而死者，其人之葬也不以翣资**；翣，古训纛，乃大将之旗也。战而死者，以此为送葬之仪。言已失其勇，又无其尸，似以此虚仪为葬资，则无其本矣。**刖者之屦，无为爱之**。言刖者无足趺，而屦亦无可用。**皆无其本也。**以翣资、刖屦为无本之喻，意谓真可爱者在本也。**为天子之诸御，不翦爪，不穿耳；**言选天子之侍御者，不翦爪，不穿耳，不欲毁其全体，将以要宠也。**取妻者止于外，不得复使。**言新婚之妇，必先戒不作事务，恐胼胝其手足也。**形全犹足以为尔，而况全德之人乎？**言天子之御、新婚之人，不如此不足以要宠结欢。但全其形尚如此，况全德之人乎？言鲁君之爱骀它，盖忘形，爱其形之本也。有难以言语形容者，故夫子连以三事，喻其可爱之在本。**今哀骀它未言而信，无功而亲，使人授己国，惟恐其不受也，**言哀骀它未与鲁君一语，而见信若此，且无功即授之以国，惟恐其不受，岂无谓哉？**是必才全而德不形者也。"哀公曰："何谓才全？"**言才者，谓天赋良能，即所谓性真，庄子指为真宰是也。言才全者，谓不以外物伤戕其性，乃天性全然未坏，故曰"全"。**仲尼曰："死生存亡、穷达贫富、贤与不肖、毁誉、饥渴、寒暑，是事之变、命之行也。**仲尼言才全，而先言此十六事者，盖此诸事，皆戕生伤性之事变，而世人未有不被其伤损其性真者，故先言之。**日夜相代乎前，**此十六事，人生于世，日夜相代于前，未尝暂免者，是皆戕生伤性之具也。**而知不能规乎其始者也。**言上十六事，日夜相代，而以知规规求之，不知所由来。盖达其性真，本不涉其变。**故不足以滑和，**滑，音汩，谓汩溺也。和，谓本元中和之体也。言以上诸事，虽常情之变，但了其本无，故不足以汩和。**不可入于灵府。**灵府，所谓灵台。言诸变不可以摇动其性也。**使之和豫通，而不失于兑**。和者，即中和之和，谓性真达于事变，浑然而不失其体也。豫者，安然自得而悦豫也。通者，谓达于事变而不滞也。兑者，即老子“玄牝之门”，谓虚通应物而无迹者也。言真人所以才全者，盖保其性真而不失也。**使日夜无郤，而与物为春**，郤，亦作隙，谓缝隙也。言真人之一性绵绵，日夜无隙，未尝间断。但于应物之际，春然和气发现，令人煦然而化也。**是接而生时于心者也**。时者，谓接物应机，时行时止，与物俱化，未尝逆也。若夫愚人，则与接为拘矣。**是之谓才全**。”此言真人应物，一味性德流行，无一息之间，故谓之才全。**“何谓德不形？”** 此哀公问也。**曰：“平者，水停之盛也。其可以为法也，内保之而外不荡也**。德者，谓性之德用也。以性德之用，难以言语形容，故以水平为喻。盖言水之平者，乃停之盛，谓湛渊澄静之至，故可以取法为准。言性体湛渊澄净，寂然不动，则虚明朗鉴，乃内保之而外境不荡，为守宗保始之喻。谓性静虚明，则可以鉴物为用也。**德之成，和之修也**。言虚明朗鉴，乃德之成。盖从中和用功，修而后得者，非漫然也。**德不形者，物不能离也**。”不能离者，谓与物混一而不分，故人但见其物之变，而不知性之真，故其德不易形著于外。所以人但见其貌恶，而不识其才德之全耳。观孔子对哀公之言，发明《中庸》“和也者，天下之达道”之意，何等正大精确。**哀公异日以告闵子曰：“始也吾以南面而君天下，执民之纪而忧其死，吾自以为至通矣**。言自以为至通于道也。**今吾闻至人之言，恐吾无其实，轻用**

吾身而亡其国。吾与孔丘，非君臣也，德友而已矣。”

此章形容圣人之德，必须忘形全性，体用不二，内外一如，平等湛一，方为全功。故才全德不形，为圣人之极致。盖才全，则内外不二；德不形，则物我一如。此圣人之成功，所以德充之符也。故鲁君闻之，亦能忘分感化，而友于圣人也。

5.5 闉跂 曲跂也。**支离** 形不全也。**无脤** 无臀也。**说卫灵公，灵公说之，而视全人，其脰** 颈也。**肩肩**。细小貌。**瓮㼜大瘿** 言瘿如瓮㼜也。**说齐桓公，桓公说之，而视全人，其脰肩肩。故德有所长，而形有所忘**。言二子丑恶之状，而使二君说之，反视为全人之不如者，盖爱其德，故自忘其形也。**人不忘其所忘，**所忘者，性也。言世人迷性真而爱形骸，故忘其性。今欲不忘。**而忘其所不忘，**所不忘者，形也。世人忘性而爱形，故今欲忘之。**此谓诚忘**。忘其所爱，而不忘其所不爱，此之谓诚忘。**故圣人有所游，**圣人游于大道之乡，而忘其物欲。**而知为孽，**知者，以智巧揣摩人心，谓之知。孽，妖孽也。**约为胶，**以仁义结束人心，谓之约。胶，固结而不解也。**德为接，**以小惠要买人心，谓之德。接，应接于人也。**工为商**。以机关罔取人之利，谓之工；工，犹技巧也。商，行货之人也。**圣人不谋，恶用知？不斫，恶用胶？无丧，恶用德？不货，恶用商？**四者皆伪，以丧真淳，故圣人去之，以全天德。**四者，天鬻也**。谓四者淳德，乃天德也。鬻，犹售也。四德乃天售，即所谓天爵是也。**天鬻也者，天食也**。谓天既售我以天德，则天之所以食我也，又何取于人伪哉？**既受食于天，又恶用人**？言天生我性德，自有天然之受用，又何人伪求之？**有人之形，无人之情**。言圣人虽居人世，其形虽似人，而绝无人情。**有人之形，故群于人**；其形为人，故群于众人之之中。**无人之情，故是非不得于身**。以形寄人中，心超物外，不以物为事，故无人世之是非。**眇乎小哉，所以属于人也**；人在太虚中，乃万物之一数耳，其最渺小者，又何足以爱之？**謷乎大哉，独成其天**。謷者，謷然超于物表也，言性德广大。全此天德，故由人而入于天。

前虽以知忘形，而知尚存，未尽道妙。故此一章，以忘忘知，知忘则德自化，方能合乎自然，以全天德，其德乃充。故如二君之见二子，能不见其形，此所以为德之符也。圣人造道之极致，至此方为究竟耳。故以此结一篇之义。

5.6　惠子谓庄子曰："人故无情乎？"借惠子之问以结者，因上文发挥天德之全者，乃绝情欲、去人伪，心与天游，乃能充实其天德。故恐世人将谓绝情，则非人类矣，故假惠子以发之。故，乃故有之故，谓本来无情耶？**庄子曰："然。"**庄子直然其问者，盖约人性本来离情绝欲，故直然之。**惠子曰："人而无情，何以谓之人？"**惠子意谓，世人若无其情，则非人也。此俗人之常见也。**庄子曰：“道与之貌，天与之形，恶得不谓之人？”**道者，性之固有，人之所当行也。人禀此性而为人，乃道与之貌，即天与之形也。既有此性，岂非人乎？**惠子曰：“既谓之人，恶得无情？”**此惠子全不知道理，与常人所见一般，谓既是个人，岂得无情者乎？**庄子曰：“是非吾所谓情也。吾所谓无情者，言人之不以好恶内伤其身，常因其自然而不益生也。”**惠子意谓必有情欲，乃可为人，故以无情不得为人为问。庄子以正义答之曰：“我所谓无情者，非绝无君亲、父子、夫妇之情也。盖因世人纵情肆欲以求益生，而返伤其生，故我要绝其贪欲之情耳，非是绝无人伦也。”**惠子曰：“不益生，何以有其身？”**惠子又以为，人生必欲养其口体，乃可以有其身。此全是常人之识见耳。**庄子曰：“道与之貌，天与之形，无以好恶内伤其身。**庄子意谓，人既道与之貌，天与之形矣，苟无以好恶内伤其身，如此则全生养身之至道，又何庸益生为哉？**今子外乎子之神，劳乎子之精，倚树而吟，据槁梧而瞑。**槁梧，琴也。乃惠子倚树据琴，而瞑以辩论也。庄子意谓惠子不能乐其天德，而返外其精神，而倚树据梧，以逞辩论是非也。**天选子之形，子以坚白鸣。”**谓天选子之形，赋以全德。今乃舍之，而返恣坚白之论以自鸿，失之甚矣。

此篇以忘情、绝欲，以全天德，故其德乃充。前已发挥全德之妙，故结以无情非人，以尽绝情、全德之意，所以警俗励世之意深矣。

庄子内篇注卷之四

大宗师第六

庄子著书，自谓“言有宗，事有君”，盖言有所主，非漫谈也。其篇分内外者，以其所学，乃内圣外王之道。谓得此大道于心，则内为圣人；迫不得已而应世，则外为帝为王。乃有体有用之学，非空言也。且内七篇，乃相因之次第。

其《逍遥游》，乃明全体之圣人，所谓“大而化之之谓圣”，乃一书之宗本，立言之主意也。

次《齐物论》，盖言举世古今之人，未明大道之原，各以己见为是，故互相是非。首以儒墨相排，皆未悟大道，特以所师一偏之曲学，以为必是，固执而不化，皆迷其真宰，而妄执我见为是。故古今举世，未有大觉之人，卒莫能正之。此悲世之迷而不解，皆执我见之过也。

次《养生主》，谓世人迷却真宰，妄执血肉之躯为我，人人只知为一己之谋，所求功名利禄，以养其形，戕贼其真宰而不悟。此举世古今之迷，皆不知所养耳。若能养其生之主，则超然脱其物欲之害，乃可不虚生矣。果能知养生之生，则天真可复，道体可全，此得圣人之体也。

次《人间世》，乃涉世之学问，谓世事不可以有心要为，不是轻易可涉。若有心要名干誉，恃才妄作，未有不伤生戕性者。若颜子、叶公，皆不安命、不自知而强行者也。必若圣人，忘己虚心以游世，迫不得已而应，乃免患耳。其涉世之难，委曲毕见。能涉世无患，乃圣人之大用也。

次《德充符》，以明圣人忘形释智，体用两全，无心于世而与道游，乃德充之符也。

其《大宗师》，总上六义，道全德备，浑然大化，忘己、忘功、忘名。其所以称至人、神人、圣人者，必若此乃可为万世之所宗而师之者，故称之曰“大宗师”。是为全体之大圣，意谓内圣之学，必至此为极，则所谓得其体也。若迫不得已而应世，则可为圣帝明王矣。

故次以《应帝王》，以终内篇之意。至若外篇，皆蔓衍发挥内篇之意耳。

6.1　知天之所为，知人之所为者，至矣！知天知人之知，乃指真知，谓妙悟也。天，乃天然大道，即万物之所宗旨。所为，谓天地万物，乃大道全体之变，故曰“天之所为”。盖天然无为，而曲成万物，非有心也。人之所为，谓人禀大道，乃万物之一数，特最灵者。以赋大道之全体，而为人之性，以主其形，即所谓真宰者。故人之见闻知觉，皆真宰以主之；日用头头，无非大道之妙用，是知人即天也。苟知天人合德，乃知之至也。**知天之所为者，天而生也；**知大道在人，禀而有生者也。**知人之所为者，**

以其知之所知，以养其知之所不知，终其天年而不中道夭者，是知之盛也。所知者，在人日用见闻觉知之知也。所不知，谓妙性本有，人迷不觉，故日用而不知。由其不知本有，故但知贪欲以养形，而不知释智遗形以养性。故举世昏迷于物欲，戕生伤性，不能尽性全生，以终其天年者。人若苟能于日用之间，去贪离欲，即境明心，回光返照，以复其性，是以其知之所知，养其知之所不知。如此妙悟，乃知之盛也。**虽然，有患。夫知有所待而后当，其所待者特未定也。**"虽然，有患"者，意谓我说以所知，养所不知，此还有病在。何也？以世人一向妄知，皆恃其妄知，强不知以为知，未悟以为悟，妄为肆志，则返伤其性。必待真悟真知，然后为恰当。第恐所待而悟者，未必真悟，则恃为已悟，则未可定也。必若真真悟透，天人合德，本来无二，乃可为真知。**庸讵知吾所谓天之非人乎？所谓人之非天乎？且有真人而后有真知。**意谓我说以人养天，不是离人日用之外别有妙道。盖天即人也，人即天也。直在悟得本来无二，原无欠缺。苟真知天人一体，方称为真人矣。

此一节，乃一篇立言之主意，以一"知"字为眼目。古人所云："知之一字，众妙之门；知之一字，众祸之门。"盖妙悟后，方是真知；有真知者，乃称真人，即可宗而师之也。然知天知人，即众妙之门也；"虽然，有患"，即知之一字，众祸之门也。谓强不知以为知，恃强知而妄作，则返以知为害矣。此举世聪明之通病也。

6.2 何谓真人？此下唤起真人，以示真人之所养者深迴，与常人不同也。**古之真人，不逆寡，**寡，谓薄德无智之愚人。不逆者，不拒也。**不雄成，**雄，自恃也。成，谓己为全德也。不恃己德以傲世也。**不謨士。**謨，即谋。士，即事。谓无心于事，虚己以游，全不以事干怀也。**若然者，**真人如此处世。**过而弗悔，当而不自得也。若然者，登高不栗，入水不濡，入火不热，是知之能登假于道也，**言真人无心以游世，此全无得失利害之心。以情不附物，故水火不能伤。此则遗物全性，是知则能登遐于道也。**若此。**真人即世忘世之如此。**古之真人，其寝不梦，**梦发于妄想，以真人情不附物，则妄想不生，故寝无梦。**其觉无忧，**真人虚怀游世，了无得失之心，故觉无忧。**其食不甘，**以道自娱，故不甘于味。**其息深深。**深者，绵绵之意。息粗而浅，则心浮动。真人心泰定而不为物动，故其息深深。**真人之息以踵，**此释上深深之意。踵者，脚跟也。以喻息之所自发处，深不可测，故心定而不乱。**众人之息以喉。**众人之息在喉，则粗浅之至，故浮而妄动，所以日用心驰于物，而不知返。**屈服者，其嗌言若哇。**心浮则言躁，言不由中，则易屈服。嗌者，咽喉也。哇，吐也。以浅粗之言，自咽而吐，无根之言也。**其耆欲深者，其天机浅。**言世人粗浅如此者，乃嗜欲之深，汩昏真性，全不知有天然妙性，皆堕妄知，无真知也。

此一节，言真人妙悟自性，是为真知者，故所养迥，与世不同。而以众人观之，则自别矣。前云“有患”，正恐未悟，而恃妄知为得者，害之甚也。故此双明之。

6.3　古之真人，不知悦生，不知恶死。前略言真人处世，忘利害。此则言真人不但忘利害，而且超死生，以与大道冥一。悟其生本不生，故生而不悦；悟其死本不死，故不恶其死。**其出不䜣，其入不距。**出入，即生死二字，老子云“出生入死”。由不悦生，故不贪生。䜣，犹贪也。不恶死，故不距。距，谓介而不肯入也。**翛然而往，翛然而来而已矣。**翛然，乃鹤冲举刷羽之声也。言真人无心游世，翛然冲举，出入死生，如游太虚，了无罣碍，故云如此而已矣。**不忘其所始，不求其所终。**以悟其生本不生，故不忘其所始；以生与道游，不见有世可出，混万物为一，故不求所终。**受而喜之，忘而复之。**众人以生为累，故患而不喜；真人载道而生，故受形而喜。虽处人世，心不违道，相忘于世，故念念而复。**是之谓不以心捐道，不以人助天，是之谓真人。**心与道游，故不捐道。捐，弃也。人即是天，不假造作修为，故不以人助天。如此乃谓之真人。

此一节，言真人游世，不但忘利害，而且忘死生。故虽身寄人间，心超物表。意非真知妙悟，未易至此，欲人知其所养也。

6.4　若然者，其心志，其容寂，其颡頯。若然者，言真人如此游世，其容貌与众不同。其心志，《笔乘》作“忘”，言无心于世也。其容寂，言容貌寂然，乃内湛而外定也。其颡頯，頯，宽裕也，谓其貌广大宽容，不拘拘之状也。此老子云“孔德之容，唯道是从”也。**凄然似秋，**言其面严冷，若秋气之肃也。**暖然似春，**言近之，则其中温然、暖然，令人可亲可爱也。**喜怒通四时，与物有宜而莫知其极。**言无心于喜怒，但随物所感，或喜或怒，了无一定于中，故曰“通乎四时，与物有宜”；而人不知无喜怒也，故曰“莫知其极”。**故圣人之用兵也，亡国而不失人心。利泽施乎万世，不为爱人。**言圣人无心御世，与天施合德。假而用兵，即亡人之国，而不失人心，本无杀伐之心也。纵恩施万世，原非有意爱人也。所谓天生、天杀之意也。**故乐通物，非圣人也；**有心要通于物，非自然矣。**有亲，非仁也；**大仁不仁。亲者，有心私爱，非大仁也，故曰“贼莫大德有心”。**天时，非贤也；**揣度时势，非任命也。**利害不通，非君子也；**明哲保身，乃称君子。不通利害，率意狂为，非君子也。**行名失己，非士也；**伪行虚名而无实，则非士矣。**亡身不真，非役人也。**亡己为人，则人皆听役。若执己殉名，则见役于物，非役人者也。**若狐不偕、务光、伯夷、叔齐、箕子、胥馀、纪他、申徒狄，是役人之役，适人之适，而不自适其适者也。**此数子者，皆知之不真，殉名丧实，去圣远矣。

此一节，概言所知不真，不能忘己、忘名，有心要誉，殉名丧实，皆非真知之圣也。下又言真人真知之不同。

6.5　古之真人，此下一节，明真人游世之状。**其状义**无可不可。**而不朋，**中心和而不流。**若不足**虚之至也。**而不承；**若一物无所受。**与乎**与世容与。**其觚而不坚也，**觚者，方也。虽介然不群，而非坚执不化者。**张乎**施为也。**其虚而不华也；**虽见施为，而中心空空，不以华美为尚。**邴邴乎**邴，喜貌。**其似喜乎，**虽喜而无心于喜也。**崔乎**言折节谦下也。**其不得已乎；**虽谦下以接人，其实以不得已而泛应也。**滀乎**滀，渟如水之湛滀也。**进我色也，**谓中心湛滀，而和气日见于颜面之间。**与乎**与之相处。**止我德也；**人与相处而不忍去。**厉乎其似世乎，**厉，谓严整而不可犯，亦似世之庄重也。**謷乎其未可制也；**謷，谓謷然礼法之外，似不可以礼法拘制也。**连乎其似好闭也，**连者，收摄捡束之意。虽收摄捡束，但似好闭，其实无所闭藏也。**悗乎忘其言也。**悗，俯下之意，谓对人谦下，若忘其言者。**以刑为体，**刑者，不留其私，谓中心一私不留，以为其体。**以礼为翼，**虽忘礼法，犹假礼以辅翼，可行于世。**以知为时，**真知时之可否，以行止也。**以德为循。**言以德但为循顺机宜也。**以刑为体者，绰乎其杀也；**绰者，有余之义。谓杀尽私欲，一私不留而尤损之也。**以礼为翼者，所以行于世也；**言既游世，不可出于礼法之外也。**以知为时者，不得已于事也；**言迫不得已而后应也。**以德为循者，言其与有足者至于丘也。**丘，高处也。言循顺机宜，接引愚蒙，令有识者皆可上进于道。故喻如有足者，皆可引进于高处也。此四句，释上刑、礼、知、德四句。**而人真以为勤行者也。**老子云"用之不勤"。勤，劳也。言真人游行于世，无心而游，虽行而不劳也。

此一节，形容真人虚心游世之状貌，如此之妙。言虽超世，而未尝越世；虽同人，而不群于人。此真知之实也。

6.6　故其好之也一，其弗好之也一。故者，由上游世之工夫纯一，故得天人合德也。好之者，天也；弗好者，人也。今皆一矣，是谓之天人合德。**其一也一，其不一也一。**其一，谓天人合一。谓天与人合一而归于道，则万物杂然而不一者，尽皆浑然会归于道也。**其一与天为徒，**既人合其天，则人天一，则人可与天为徒也。**其不一与人为徒。**谓天人原本不一也，今人既合天，而未免游于人世，则以天而游，故与人为徒。**天与人不相胜也，此之谓真人。**若超然绝俗，则是以天胜人；若逐物亡性，则是以人胜天。今天人合德，两不相伤，故不相胜。必如此，方是真人。

此一节，总结前知天、知人工夫，做到浑然一体，天人一际，然后任其天真。则在天而天，在人而人，天地同根，万物一体，故天与人两不相胜。必如此真知妙悟，浑化之极，乃可名为真人。此岂可强知妄见而可比拟哉？此真人真学之全功，故下章从“死生，命也”起，至“藏舟”章末，皆极口勉人学道，要做真实工夫。

6.7　死生，命也；此下教人做了死生之工夫。命，谓自然而不可免者。**其有夜旦之常，天也**。人有死生，如时之夜旦，不可免者。且阴阳有夜旦，太虚恒一而无昏晚。喻人形虽有生死，而真性常然不变，如太虚之无变，故曰“天也”。**人之有所不得与，**去声。**皆物之情也**。谓真性在人，天然自具，一毫人力不能与其间。此人人同有之真体，所谓真宰、天君是也。此须养而后知。**彼特以天为父，**言人人皆禀真性而有形，天然自足，故曰“以天为父”。**而身犹爱之，而况其卓乎？**言此血肉之假身，赖世之父而有生，且养身全孝以尊父。况天君载我之形，卓然不属形骸者，岂不知所养而尊之乎？**人特以有君为愈乎己，而身犹死之，而况其真乎？**且以世人知有君，欲尽忠者，而以身死之。况真君宰我之形，而不能忘形以事之、忠之，可谓不智之甚矣。此言激切之至，人读此而不悟，非夫也。

此言真性在我，而不属生死者，乃真常之性也。而人迷之而不悟，嗜欲伤之而不知所养，岂非至愚也哉？

6.8 泉涸，鱼相与处于陆，相呴以湿，相濡以沫，不如相忘于江湖。老子云："失道而后德，失德而后仁，失仁而后义。"此取鱼失水，如失道德而后仁义。且以仁义相尚，正似相濡以湿沫，不若相忘于江湖，以喻必忘仁义，而可游于大道之乡也。**与其誉尧而非桀也，不若两忘而化其道。**无誉无非，则善恶两忘，而与道为一，乃真知之盛也。**夫大块**天地也。**载我以形，劳我以生，佚我以老，息我以死。故善吾生者，乃所以善吾死也。**言人生天地，劳佚死生，皆自然而不可却者，命也。此所谓人也，苟知命之所系，即道之在，是知由人而即天也。若知天与人本无二致，则浑然合道，而不以人害天；虚心游世，以终其大年，生不忘道。故云"善吾生者，乃所以善吾死"，此其天人合德，死生不变，任造物之自然，此知之至也。

此言世人不知大道，而以仁义为至，故以仁爱亲，以死事君。此虽善不善，故如泉涸， 而鱼以湿沫相呴濡也。若能浑然悟其大道，则万物一体，善恶两忘，故如鱼之相忘于江湖。如此乃可谓知天知人，天人合德，而能超乎生死之外。故在生在死，无不善之者也。

6.9 夫藏舟于壑，藏山于泽，谓之固矣！然而夜半有力者，负之而走，昧者不知也。藏天真于有形，如藏舟于壑；藏有形于天地，如藏山于泽。谓之固矣，此常人以此为定见也。

然而造化密移，虽天地亦为之变，而常人不觉，如有力者负之而移，昧者不知也。**藏小大有宜，犹有所遁**。形与天地，虽小大有宜，而皆不免于变。**若夫藏天下于天下，而不得所遁，是恒物之大情也**。若知此身与天地万物，皆与道为一，浑然大化而不分，是藏无形于无形，如此则无遁。则如藏天下于天下，而不得所遁矣。此天地万物之实际也，故曰“恒物之大情”。**特犯人之形，而犹喜之。若人之形者，万化而未始有极也，其为乐可胜计耶**？言大化造物，千变万化，而人特万物之一数耳。而人不知，特以得人身为喜，如此则万物皆有可喜者，其乐可胜计耶？**故圣人将游于物之所不得遁而皆存。善夭善老，善始善终，人犹效之**，言圣人心与道游，则超然生死，乃物所不得遁，如此则物物无非道之所在。故夭寿、始终，无所不善者，而人犹效之。**又况万物之所系，而一化之所待乎**？言大道之原，乃万物之根宗，故云“所系”。万物非此，而不能融贯而为一，故云“一化之所待”。此实天地万物之大宗。圣人之所宗而师之者，此也。可不悟乎？

此发明大道无形，而为天地万物之根本，人人禀此无形之大道而有生，是为真宰。若悟此大道，则看破天地万物，身心世界消融混合，而为一体。若悟彻此理，则称之曰“大宗师”，是所谓“大而化之谓圣”者也。至此则无己、无功、无名，逍遥于万物之上，超脱于生死之途。以世人概不知此大道之妙，而以小知小见之自是，不得逍遥；各执已是，互相是非，故丧其有生之主；而要求名利于世间，故德不充符。是则前五篇所发挥者，未曾说破。故此篇首乃立知天知人，有真知方为真人，直说到此，方指出一个大宗师，正是老庄立教之所宗者，如此而已。

故此后重新单提起一“道”字来发挥，足见立言前后一贯。言虽蔓衍，而意有所宗，于此可见矣。

6.10 **夫道，**上文说了大宗师状貌，结了前义。言大宗师之所宗者大道，上云“万物所系，一化所待”者何？乃大道也。故此下发挥大道之妙，以明“万物所系，一化所待”之义。立意皆从老子“天得一以清”等来。**有情有信，**此言大道之体用也。《齐物》云“可形已信”，有情无形，正指此也。此从老子“窈窈冥冥，其中有精，其精甚真，其中有信”。此言有情，谓虽虚而有实体。不失其用曰“信”。**无为无形；**湛然常寂，故无为；超乎名相，故无形。**可传而不可受，可得而不可见；**以心印心，故可传可受；妙契忘言，故无受无见。**自本自根，**本自天然，原非假借。**未有天地，自古以固存；**天地以之建立，故先有固存。**神鬼神帝，生天生地；**变化不测，为天地万物之主。**在太极之先而不为高，**伏羲画卦，始于太极。推之向上，更有事在，故不以为高。**在六极之下而不为深，**包天地，容六合，故不为深。**先天地生而不为久，**以固存，故不为久。**长于上古而不为老。**万化密移，而此道湛然，故不老。**狶韦** 古帝王名。**得之，以挈**

天地；参赞化育，整理世界。**伏羲**轩黄也。**得之，以袭气母；**袭，取也。气母，生物之本也。袭气母，即老子"求食于母"。**维斗**北斗，天之枢也。**得之，终古不忒；**忒，差也。北斗天枢，居所不动，故不差忒。**日月得之，终古不息；**运行而不已，用行而不殆。**堪坏**昆仑之神，人而兽形。**得之，以袭昆仑；**此袭，犹承袭，言主持昆仑。**冯夷**河伯也。**得之，以游大川；肩吾**山神也。**得之，以处太山；黄帝**轩辕也。**得之，以游云天；**乘龙飞升上迁也。**颛顼**五帝之一。**得之，以处玄宫；禺强**北海之神。《山海经》云："玄渚有神，人面鸟形，珥两青蛇，践两蛇，名曰禺强。"**得之，立乎北极；**北海之极。**西王母**瑶池仙长也。**得之，坐乎少广。**王母所居之宫也。**莫知其始，莫知其终。**此二句，总结上文。列圣神人主持天地日月星辰，皆恃大道，故莫知其始终。此直从老子"天得一以清"一章中变化如许说话。**彭祖**姓钱，古长寿之人。**得之，上及有虞，下及五伯；**世传彭祖寿八百岁，故上自有虞，下及五伯。**傅说**商之贤相。**得之，以相武丁，奄有天下，乘东维，骑箕尾，而比于列星。**傅说一星，在尾上。言其乘东维、骑箕尾之间也。

此明大宗师者，所宗者，大道也。以大道乃天地、万物、神人之主。今人人禀此大道而有生，处此形骸之中，为生之主者，所谓天然之性。以形假而性真，故称之曰"真宰"。而人悟此大道，彻见性真，则能外形骸，直于天地造化同流，混融而为一体，而为世间人物之同宗者，故曰“大宗师”者，此也。

此大宗师，即《逍遥》所称神人、圣人、至人。所言“有情有信”，即《齐物》之“真宰”，及《养生》篇“生之主”。若不悟此而涉人世，必有形骸之大患。颜子心斋，教其悟之之方。既悟性真，则形骸可外。故《德充符》前，一往皆敷演其古今迷悟之状，到此方分明说破。一路说来，方才吐露。所以云“言有宗，事有君”，正此意也。

此上已发挥大道，明白了然，但未说进道工夫，故此下乃说入道真实工夫。

6.11　南伯子葵问于女偊 此人名，皆重言也。撰出个人来，设为问答，不必求其实也。**曰：“子之年长矣，而色若孺子，何也？”** 问其年老大而色若婴儿，借以发起必有所养，将以发启工夫也。**曰：“吾闻道矣。”** 此即要引人学道也。**南伯子葵曰：“道可得学耶？”** 此因闻说闻道，则惊诧其言，谓道岂可学之耶？**曰：“恶！恶可！** 二字皆平声，惊叹之意。上“恶”字，叹其道难言；下“恶”字，叹其道不是容易可学，要是其人乃可。**子非其人也。** 言道非容易可学，况子非学道之人。何以见得？**夫卜梁倚有圣人之才，** 才谓天赋之根器，犹俗云天资也。**而无圣人之道；** 言有美质，而无进道志向。**我有圣人之道，而无圣人之才。** 言我有圣人之道，而无美质，故多费苦工夫。**吾欲以教之，庶几其果为圣人乎？** 言我欲教卜梁倚以大道，其亦可教，但无志向。论才亦庶几可成，第不知可能造就而为圣人乎？**不然，以圣人之道告圣人之才，亦易矣**。言学道之人才德双美者，固是难得。有此全质，则学之亦易矣。**吾犹守而告之，三日而后能外天下；**天下疏而远，故三日而可外。此言教之一次也。**已外天下矣，吾又守之七日，而后能外物；**物渐近于身，故七日而忘。**已外物矣，吾又守之九日，而后能外生；**生则切于己者，故九日之功乃外。**已外生矣，而后能朝彻；**朝，平旦也。彻，朗彻也。谓已外生，则忽然朗悟，如睡梦觉，故曰"朝彻"。**朝彻而后能见独；**独，谓悟一真之性，不属形骸，故曰"见独"。**见独而后能无古今；**谓悟一真之性，超乎天地，故不属古今。**无古今而后能入于不死不生**。谓了悟性真，超乎天地，量绝古今，则见本来不死不生。**杀生者不死，**生者，有形之累也。既悟性真，则形骸已外，物累全消，故曰"杀生"；而一性独存，故曰"不死"。**生生者不生**。形化性全，则与道冥一，而能造化群生，而一真湛然，故曰"生生者不生"。**其为物，**物，指不死不生之道体也。**无不将也，**谓此道体千变万化，化化无穷，故无不将也。将者，以也。**无不迎也，**在乎人者，日用头头，左右逢元，故曰"无不迎也"。**无不毁也，**谓此道体陶镕万化，挫锐解纷，故曰"无不毁"。**无不成也**。触处现成，不假安排。**其名为撄宁**。撄者，尘劳杂乱，困横拂郁，挠动其心，曰"撄"。言学道之人，全从逆顺境界中做出，只到一切境界不动其心，宁定湛然，故曰"撄宁"。**撄宁也者，撄而后成者也**。此释撄宁之意，谓从刻苦境界中做出，故曰“撄而后成者也”。

此前论大道，虽是可宗可师，犹漫言无要。此一节，方指出学道之方。意谓此道，虽是人人本有，既无生知之圣，必要学而后成。今要学者，须要根器全美，方堪授受。授受之际，又非草率，须要耳提面命，守而教之。教之之方，又不可速成，须有渐次而入，故使渐渐开悟。其三日外天下，七日外物，九日外生死，而后见独、朝彻，此悟之之效也。

既悟此道，则一切处，日用头头，触处现成，纵横无碍。虽在尘劳之中，其心泰定常宁，天君泰然，湛然不动。工夫到此，名曰“撄宁”。何谓撄宁？盖从杂乱境缘中做出，故曰“撄而后成者也”。观此老言虽蔓衍，其所造道工夫，皆从刻苦中做来，非苟然也。今人读其言者，岂可概以文字视之哉？

上言入道工夫，下言闻道，盖亦从文字中悟来，故以重言发之。

6.12　南伯子葵曰：“子独恶乎闻之？”此问闻道之原。**曰：**女偊答。**“闻诸副墨之子，**副墨，文字也。言始从文中来。**副墨之子闻诸洛诵之孙，**洛诵，言包洛而诵习也。意谓诵习文字，久而自得也。**洛诵之孙闻之瞻明，**瞻明，言见有明处，乃因文字有悟处也。**瞻明闻之聂许，**聂许，谓从耳闻，声入心通，而心自许也。**聂许闻之需役，**需，待也。役，使也。言心虽有悟，必待验之行事之间，一切处现前不昧，与道相应，然后造妙也。

需役闻之于讴，于讴，涵泳吟咏之意。**于讴闻之玄冥，**由涵泳讴吟，而有冥会于心，乃造道之极也。**玄冥闻之参寥，**参寥者，空廓广大、虚无之境，谓道之实际也。**参寥闻之疑始。**言入于无始，乃归极于此，学道之成也。

此一节，言圣人得此大道，不无所闻。盖从文字语言中，有所发明，以至动用周旋、讴吟咳唾之间，以合于玄冥，参于寥廓，以极于无始，至不可知之地，必如此深造实证而后已。如此，殆非口耳而可得也，是乃可称大宗师。

前来发明大道可宗，悟此大道者可称宗师，但未见其果有其人否耶？恐世人不信，将谓虚谈，故向下撰出子祀等，乃实是得道之人，以作证据。

6.13　子祀、子舆、子犁、子来四人相语，曰："孰能以无为首，以生为脊，以死为尻；尾也。**孰知死生存亡为一体者，吾与之友矣。"**意谓从无形而适有形，而人之此身，皆道之所化。故以无为首者，从无有生也；脊者，身也；尻者，尾也，谓生之终也。言谁能知此无生之生者，则可相与为友矣。**四人相视而笑，莫逆于心，遂相与为友。**言心同道合，故为友也。**俄而子舆有病，子祀往问之，曰："伟哉，夫造物者将以予为此拘拘也。**此子舆自叹："造物有力，壮哉！能使我于大化之中，将以予为此拘拘之形也。"**曲偻发背，**此下子舆言其病状。

谓形已佝偻残废，且又痈疮。**上有五管，**言形佝偻，则五脏之管向上也。**颐隐于齐，**言形曲，则两颐限隐于齐下也。**肩高于顶，**颐限则两肩耸高于顶。**句赘指天，**句赘，顶髻也。言颐隐而项缩，故髻指天也。**阴阳之气有沴。”**沴，凌乱，言不和也。言虽从天化受形，以阴阳之气凌乱不和，故使我形骸如此之残废不堪也。其心闲而无事，言以形废，而心转无事。此足见其能以道自适，不以形为累也。**跰跣而鉴于井，**跰跣，扶曳也。谓恐自知不明，又鉴于井，则现身如影矣。**曰：“嗟乎，夫造物者又将以予为此拘拘也。”**因鉴于井，自见其状，乃叹曰：“夫造物者，既拘拘为我此形矣，又复使我如此残废之恶状耶？”**子祀曰：“汝恶之乎？”**子祀因见子舆之叹，乃问之曰：“子恶此形耶？”**曰：“亡，予何恶！**亡，绝也。子舆意谓，我心不但绝然无恶，而方与之俱化也。**浸假而化予之左臂以为鸡，予因以求时夜；**浸假，造化也。言从无形造化之中，渐渐而适于有形，即化予之左臂以为鸡，予因之而求时夜。时夜，言鸡报晓也。**浸假而化予之右臂以为弹，予因以求鸮炙；**若化予之右臂为弹，予即因之而求鸮炙。言以弹击鸮，以充炙也。**浸假而化予之尻以为轮，以神为马，予因而乘之，岂更驾哉？**此言有道之士，既视此身如痈疮，而不足观；且又视之如影，而不可执。是则不但无累，而且与之俱化。故又能借假修真，因此而求有实用。是则此身虽为异物，若果能化之，则形神俱妙。真人乘此以游人世，岂更驾哉？**且夫得者，时也；失者，顺也。安时而处顺，哀乐不能入也，**

此古之所谓县解也。言真人忘形适真，形神俱妙，不以得失干心，安时处顺，无往而不自得，故哀乐不能入。如此，是古之所谓悬解者也。言生累如倒悬，超乎死生，则倒悬解矣，故云“悬解”。**而不能自解者，物有以结之。**人人本皆如此无累，超然悬解；而人不能解之者，乃自我以结之也。**且夫物不胜天久矣，吾又何恶焉？”**言人任造化而迁，故人不能胜天。既不能胜，则任之而已，又何恶焉？

此一节，言真人真知，形本无形，今既适有形，则为生累。故真人视之如痈疮而不可爱，如影而不可执。如此，则但任造化之所适，了无得失之心。故死生无变于己，所以安时处顺，哀乐不入，此所谓悬解者也。

如此看来，人人本来天然解脱，但人自苦于形累，而卒莫能自解者，非天之过，乃人自结之耳。且夫天人之际，本来人不胜天，吾于此看破久矣。虽有此假形，吾有真用，又何恶焉？此其所以为真人，是可宗而师之者也。

6.14 俄而，子来有疾，喘喘焉将死，上言四人为友，而子舆之妙已知之矣，今又发子来二人之妙。喘，气喘急而将绝也。**其妻子环而泣之。犁往而问之，曰：“叱避！无怛化！”**叱避，言呵斥其妻子，使避之也。怛，犹惊也。此言真人与造化游，非妇人小子所知，故叱使无惊之也。**倚其户与之语曰：“伟哉**

造化！又将奚以汝为？将奚以汝适？言不知造化又将汝作何物也。以汝为鼠肝乎？鼠肝极细。以汝为虫臂乎？”虫臂不坚。子来曰：“父母于子，东西南北，唯命之从。阴阳于人，不翅止也。于父母。彼近吾死而我不听，我则悍违戾也。矣，彼指造物。何罪焉？言造物亦非有心要死我也，故曰“何罪”。夫大块天地也。载我以形，劳我以生，佚我以老，息我以死。故善吾生者，乃所以善吾死也。言造化既全我一生，我任造化而游，是为善生。既任化而生，则不贪生，故谓善生。然死亦从化，是为善死，吾又何择焉？今大冶铸金，金踊跃曰：‘我且必为镆琊。’神剑名。大冶必以为不祥之金。今一犯偶然触之曰一犯。人之形，言在万化之中，偶然触犯而为人之形。而曰：‘人耳，人耳。’夫造物者必以为不祥之人。言万物不可胜数，而自独以人为善，是不知造化者，乃不祥之人也。今一以天地为大炉，以造化为大冶，恶乎往而不可哉？言天地万物，俱在造化钧陶之中，何物而非载道成形，何往而非道之所在，如此又何往而不可哉？成然寐，蘧然觉。”言死生梦觉，故死但如寐，生如觉。夜旦梦觉而已，又何必取舍欣厌哉？

此一节，言真人所得，殊非妇人小子之所知，故子犁叱避，以形容其必有真知，然后为真人。必若子来之顺化而游，死生无变，无生可恋，无死可拒。要学人必造到如此超然独得之妙，纯一无疵，方为学问能事之究竟处，是可称为大宗师矣。

上言真人能顺死生，不知从何致此？故下以子桑户三人发明，乃方外了道之人所能。此段学问，非方内曲士所知。

6.15 子桑户、孟子反、子琴张三人相与友，曰："孰能相与于无相与，无相与，言大道无形之乡。相为于无相为？言大道寂莫无为之境。孰能登天游雾，挠挑无极，言超然世外，游于万物之表。相忘以生，虽生而不见其有生。无所终穷？"言心与道游于无始无终，即此便见真人游世之若此。三人相视而笑，莫逆于心，言道合心同，忘形相与。遂相与友。唯真人乃知真人，故三人为友。莫然有间，居顷之间。而子桑户死，未葬。孔子闻之，使子贡往待事焉。夫子使子贡往吊，以待葬事，将尽礼也。或编曲，或鼓琴，相和而歌曰："嗟来桑户乎！嗟来桑户乎！而汝也。已反其真，而我犹为人猗。猗者，叹辞也。言汝幸已返其真，而我尚且为人，可叹也。子贡趋而进曰："敢问临尸而歌，礼乎？"子贡执礼，言临尸当哭，不当歌也。二人相视而笑曰："是指子贡。恶知礼意！"言礼之意，重在返本。谓子贡不知此也。子贡反，以告孔子曰："彼何人者耶？修行无有，言不捡于礼，不能饰行，故曰"修行无有"。而外其形骸，不以死生为事。临尸而歌，颜色不变，全无哀戚之容。无以命之。命，名也，不知唤他作何等人物。**彼何人者耶？”**言毕竟是何等人耶？**孔子曰：“彼游方之外者也，**言彼超脱凡情，游于世外者也。**而丘游方之内者也。**言未能超脱世网，故云“游方内”。**外内不相及，**言彼方外之人，以世俗之礼加之，则非所宜，言不当吊也。**而丘使女往吊之，丘则陋矣。**言我本不当使女往吊，此诚我之鄙陋见也。**彼方且与造物者为人，**与者，犹助也。言造物本无形，彼以为人之形，乃助造物之生意耳。**而游乎天地之一气。**言彼虽处人世，其实心游乎未有天地已前，与大道混茫而为一也。**彼以生为附赘悬疣，**赘疣，乃山中之人项上之瘿瘤，以喻形乃道之赘疣余物也。**以死为决疣溃痈。**彼视身如赘疣，为痈疽，以为生之大患。今幸而死，则如疣痈之决溃，方为大快活事，又何以死为哀耶？**夫若然者，又恶知死生先后之所在？**言彼以生为大患，以脱形骸为轻举，返乎本来不生不死之乡，又何知有死生先后之所在耶？**假于异物，**以性真而借四大以成形，如假托异物，元非己有也。**托于同体；**言心与道游，故云“托于同体”。**忘其肝胆，**言以生为寄，故不见有形骸，故曰“忘其肝胆”。**遗其耳目；**言虽游人世，如不闻见，故云“遗其耳目”。**返复终始，不知端倪；**言真人游于大化之中，返复往来，无所穷极，又安知以生为始、以死为终乎？**芒然彷徨乎尘垢之外，逍遥乎无为之业。彼又恶能愦愦然为世俗之礼，以观**示也。**众人之耳目哉？”**言真人处世如寄，以形骸为大患，故忘形释智，超然物表，遨游于尘垢之外，逍遥于无为寂寞之乡。又何能愦愦然以世俗之礼，以示众之耳目哉？借重孔子此言，乃明方内夫子，亦未尝不知有方外之学也。

此一节，言方外真人之学，逍遥物外，自得之妙，非世俗耳目之所及。故托孔子、子贡发挥，将以破迂儒执礼法之曲见，以解愦愦之执情，亦将使其自得超然之境。斯正此老著书之本意也。

6.16 子贡曰："然则夫子何方之依？"子贡因闻夫子说方外真人之道如此，故问夫子自处何方之依。**曰："丘，天之戮民也。**此夫子自谦，言己未免生累，盖悬之未解，乃天之戮民，言未能忘桎梏也。**虽然，吾与汝共之。"**夫子言，虽然我未超脱，与汝均之，今且与汝共游于方外。**子贡曰："敢问其方？"**问远举超脱之方。**孔子曰："鱼相造乎水，人相造乎道。**人之以道为命，如鱼之以水为命。**相造乎水者，穿池而养给；**言养鱼尚劳功用。**相造乎道者，无事而生定。**言人造乎道甚易，放下便是，故云"无事而生定"。**故曰：鱼相忘乎江湖，人相忘乎道术。"**穿池而养鱼尚难忘，不若放之江湖，则自然忘矣。如人能造乎大道，浩然大均，则无不忘矣。**子贡曰："敢问畸人？"**子贡意谓方外之人，乃独行之君子，敢问畸人。畸，独也。谓不知独行之人，比方外何如？**"畸人者，畸于人而侔于天。故曰：天之小人，人之君子；人之君子，天之小人也。"**孔子言彼方外者，亦畸人也。但彼畸于人，而侔合乎天。若世之独行君子，矜矜自持，不能逍遥自在者。是乃天之小人，则为人中之君子；人中之君子，则为天之小人。第未能与天为一耳。

此一节，言孔子方内之圣人，亦能引进于方外之学，意谓世之拘拘者，亦可与造乎大道。故以子贡之才智，尚去道远甚，况其他乎？

下明方外之道，方内亦有能行者，第俗人不识耳。故借颜子发明，孔子以开其迷意。若颜子之好学，诚可以深造而自得也。

6.17　颜回问仲尼曰："孟孙才，其母死，哭泣无涕，无心于哭。**中心不戚，**全无哀意。**居丧不哀。无是三者，以善丧盖鲁国，**以善居丧之名，以盖鲁国。**固有无其实而得其名者乎？**名不副实。**回壹怪之。"**壹，谓一，常怪之。**仲尼曰："夫孟孙氏尽之，**言能极尽丧礼也。**进于知矣。**言世人但知世俗之礼，而不知天。今孟孙氏乃尽于知天，故人之返本，乃礼之实也。**唯简之而不得，夫已有所简矣。**言孟孙知其本无生死，又何假以哀为礼哉？但世人常情，必以哀为礼，故欲简之而不得，故人哭亦哭，乃不得已而从俗之情耳。今哀而不戚，则已有所简矣。**孟孙氏不知所以生，不知所以死。**言孟孙子悟不生不死之道。**不知就先，不知就后。**言以了悟不生不死，故虽生而如不有生，故云"不就先"；虽死而知本不死，故不就后，坦然大化之中。**若**

化为物，言孟孙自视其形，在大化之中，若忽焉化为一物耳。**以待其所不知之化已乎**。言不知其所以生，故今虽处形骸，但待其所不知之大化，听其尽之而已乎，岂有情识哉？**且方将化，恶知不化哉**？言方将化，恶知有不化者存焉？**方将不化，恶知已化哉**？言世人但知固守其形，将谓不化。彼恶知造化密移，而念念已化哉？**吾特与汝，其梦未始觉者邪！**言化而不化，乃死生一贯，唯大觉方知。且吾与汝，皆在梦中而未觉者也。**且彼有骇形而无损心**，到此方言，孟孙之母虽死，而不死者存，但形死耳，故曰"有骇形"，如豚子之视死母而走也。若其天真之性，湛然不迁，所谓死而不亡，故曰"无损心"。**有旦宅而无情死**。言其生如旦，其形如宅。谓假形虽化，而真宰长存，故曰"有旦宅而无情死"。情，实也。**孟孙氏特觉**，死而不死之理，孟孙特悟于此。**人哭亦哭，是自其所以乃**。孟孙已知其母不死，但以世情不得不哭，故其所以乃如此哭而不哀切也。**且也相与吾之耳矣**，言既知死而不死，则视已死之孟母，即未死之孟孙，故相较之，乃吾之耳。相与，谓一体而视也。**庸讵知吾所谓吾之乎**？言死生一条之理，若吾之之言，此岂常人所能知之乎？下以梦喻吾之之意。**且汝梦为鸟而厉乎天**，厉，犹戾也。**梦为鱼而没于渊**。言吾之之意，汝未及信。我且问汝："且汝梦为鸟，则飞戾于天；梦为鱼，则没于渊。然梦中之鱼鸟，即不梦之颜回，是乃吾之之意也。"**不识今之言者，其觉者乎？其梦者乎**？言汝方今对我言者，乃不梦之颜回耶？乃梦中之鱼鸟耶？若言是颜回，则汝已化为鱼鸟矣；若言是鱼鸟，不妨现是不化之颜回。汝试自看死生一条之理，固如是耳。此数语极奇，最难理会。**造适不及笑，**适者，称意之极，则笑亦不及。**献笑不及排，**如人诙谐献笑，至发笑处，则安排不及。言死生一贯之理，必须顿悟，乃自知之，非言可及也。**安排而去化，乃入于寥天一。"**寥天一，乃大道寥廓冥一之天。此由初心造道功夫，故如安排。及夫纯一，到大化之境，自然顿悟，不假作为，而自证入也。

此一节，言方外之学，方内亦有能之者。第在世俗之中，常情所不识，必有真人，乃能知之，故借重颜子与圣人开觉之。此段最是惺悟世人真切处。

上言了无生死，乃造道之极，要在顿悟。下言世人必欲学道，须将仁义、恭矜、智能、夙习之事，一切屏绝，乃可入道。

6.18　意而子见许由，许由曰："尧何以资汝？"何以教汝。**意而子曰："尧谓我：汝必躬服**行也。**仁义而明言是非。"许由曰："而奚来为轵？**奚，何。轵，助语辞。言又何为来耶？意谓汝已被尧教坏了也。**夫尧既黥**拔其须，则毁其面貌。**汝以仁义，**言以仁义伪行，坏了本来面目。**而劓**割其鼻也。**汝以是非矣，汝将何以游夫遥荡**逍遥之境。**恣睢**纵横也。**转徙**变化也。**之涂乎？”**言汝已被尧以仁义是非，坏了汝本来面目，而拘于仁义是非之场，又何能游于逍遥大道之乡乎？**意而子曰：“虽然，吾愿游其蕃。”**言虽不能入大道之奥，亦愿游其蕃篱。**许由曰：“不然。夫盲者无以与夫眉目颜色之好，瞽者无以与夫青黄黼黻之观。”**言汝心既盲瞽，难以与大道也。**意而子曰：“夫无庄**古之美貌者。**之失其美，据梁**古之有力者。**之失其力，黄帝之亡其知，**言至人之善救，能使人人失其平昔之所自有。**皆在炉锤之间耳。**言上三人顿失其固有，是在夫子之陶铸之中耳。**庸讵知夫造物者之不息我黥而补我劓，使我乘成以随先生耶？”**言我今日幸得见先生，岂非造物者补我之缺失，乘其浑全之大道，以随先生耶？**许由曰：“噫！未可知也。**言汝虽有志，未知何如也。**我为汝言其大略：**不敢尽其底蕴，试为汝言其大略。**吾师乎！吾师乎！**吾师，乃大宗师也，非尧可比。**整万物而不为义，泽及万世而不为仁，**言尧谆谆以仁义为仁义，以爱养万物以为功。吾大宗师则整粉万物而不以为义，纵泽及万世而不以为仁。以大仁不仁，大义不义，即老子“生而不有，为而不恃，长而不宰”之意。**长于上古而不为老，**言未有天地，先有此道。**覆载天地、刻雕众形，而不为巧。**言大道生天生地、化育万物而无心，故不有其巧。**此所游已。”**言整物已下，乃吾师之所游者，如此而已。

此一节，言欲学大道，必须屏绝有心要为仁义、恭矜、智能之事，方可超玄入妙，而逍遥乎大道之乡。盖仁义、智能，乃功名之资，世俗之所尚，实为大道之障碍故耳。

6.19　颜回曰："回益矣。"仲尼曰："何谓也？"曰："回忘仁义矣。"曰："可矣，犹未也。"言虽忘仁义，则可许有入道之分，然犹未也。**他日复见，曰：**颜回他日又见夫子。**"回益矣。"曰："何谓也？"曰："回忘礼乐矣。"**言忘礼乐，则不拘拘于世俗也。**曰："可矣，犹未也。"**言虽忘人，而尚未忘己。**他日复见，曰："回益矣。"曰："何谓也？"曰："回坐忘矣。"仲尼蹴然**改容也。**曰："何谓坐忘？"颜回曰："隳**坏也。**支体，**言忘形也。**黜聪明，**泯知见也。**离形去知，同于大通，**言身知俱泯，物我两忘，浩然空洞，内外一如，曰"大通"。**此谓坐忘。"仲尼曰："同则无好也，**言身世两忘，物我俱空，则取舍情尽，故无所好也。**化则无常也。**言物我两忘，形神俱化，化则无己，则物无非己，故不常执我为我也。**而**汝也。**果**实也。**其贤乎！**言汝功夫到此，实过于我多矣。**丘也请从而后也。"**夫子自以为不若，亦愿为此也。

此一节，言方内曲学之士，果能自损兼忘，而与道大通，虽圣智亦尝让之。意谓此等功夫，非智巧可入也。故前以子贡之不知，今以颜子乃可入也。

6.20 **子舆与子桑友，而淋雨十日。子舆曰：“子桑殆病矣！”**知其绝食也。**裹饭而往食之。至子桑之门，则若歌若哭，**言歌之哀也。**鼓琴曰：“父耶！母耶！天乎！人乎！”**此鼓琴之曲也。**有不任其声**言饿而无力，故不任其声。**而趋举其诗焉。**趋举其诗，言气短促，举诗而气不相接也。**子舆入，曰：“子之歌诗，何故若是？”**言何故不成音韵也。**曰：“吾思夫使我至此极者，而弗得也。**言且歌且思，使我如此之贫至极者不可得，不知其谁使也。**父母岂欲吾贫哉？天无私覆，地无私载，天地岂私贫我哉？求其为之者，而弗可得也。然而至此极者，命也夫！”**

此一节，总结一篇之意。然此篇所论，乃大宗师，而结归于命者，何也？乃此老之生平心事，有难于言语形容者。意谓己乃是有大道之人，可为万世之大宗师。然生斯世也，而不见知于人，且以至贫极困以自处者，岂天有意使我至此耶？然而不见知于时者，盖命也夫。即此一语，涵滀无穷意思。

然此大宗师，即《逍遥游》中之至人、神人、圣人；其不知为知，即《齐物》之因是真知乃真宰，即《养生》之主；其篇中诸人，皆德充符者。总上诸意，而结归于于大宗师，以全内圣之学也；下《应帝王》，即外王之意也。

应帝王第七

庄子之学，以内圣外王为体用。如前《逍遥》之至人、神人、圣人，即此所谓大宗师也。且云以尘垢秕糠，犹能陶铸尧舜，故云“道之真以治身，其绪余土苴以为天下国家”。所谓治天下者，圣人之余事也。以前六篇发挥大道之妙，而大宗师乃得道之人，是圣人之全体已得乎己也。有体必有用，故此《应帝王》，以显大道之用。若圣人时运将出，迫不得已而应命，则为圣帝明王；推其绪余，则无为而化，绝无有意而作为也。此显无为之大用，故以名篇。

7.1　啮缺问于王倪，四问而四不知。此篇以“无知”二字作眼目。此无知，乃无心于世，漠然而已。**啮缺因跃而大喜，行以告蒲衣子，蒲衣子曰：“而**汝也。**乃今知之乎？**言汝今日乃知不知之妙乎？**有虞氏不及泰氏。**向来世人只知有虞氏之为圣人，而不知不及泰氏也。**有虞氏其犹藏**善美也。**仁以要人，**此言有虞之不济处。盖以仁为善，故有心以仁要结人心。**亦得人矣，而未始出于非人。**言有虞氏以仁要人，虽亦得人，且不能忘其功名，但是世俗之行，而未能超出人世，而悟真人之道妙，以造非人之境也。**泰氏其卧徐徐**，徐，纡徐，闲闲之意。**其觉于于**，自得之妙。**一以己为马，一以己为牛。其知情信，其德甚真，而未始入于非人。"**此言泰氏超越有虞，虚怀以游世，心闲而自得，且物我兼忘。人呼以为牛，则以牛应之；人呼以为马，则以马应之。未尝坚执我见，与物俱化。其知则非妄知，而悟其性真然。然情信，指道体而言，前云"有情有信"是也，此其体也。至其德用甚真，不以人伪。即已超凡情，安于大道非人之境，而不堕于虚无。且能和光同尘，而未始拘拘自隘。此泰氏之妙也。盖已得大宗师之体，而应用世间，特推绪余以度世。故云"未始人于非人"。

7.2　肩吾见狂接舆，狂接舆曰："日中始何以语汝？"日中始，乃肩吾所见之人。**肩吾曰："告我君人者，以己出经**常法。**式**程准也。**义度人，**言人君治天下，当以所出之常法为程准，以义制而度人，以此乃治天下之常法。**孰敢不听而化诸？"**诸，犹之也。言人君以此治人，则人孰敢不听而从其化耶？**狂接舆曰："是欺德也**。言若日中之说，乃非真实之德，盖欺德耳。谓人君恃己之能治，而欺其人，将以不敢不听从也。**其于治天下也，犹涉海凿河，而使蚊负山也**。言大圣治天下，以不治治之。但以道在宥群生，使各安其性，各遂其生而已。若以有心强治以为功，则舍道而任伪，而犹越海之外凿河，则失其大而枉劳。且如蚊负山，必无此理也。**夫圣人之治也，治外乎？**言圣人之治天下，岂治外乎？**正而后行，**正，即前云正生以正众生，谓使各正性命之意。谓圣人但自正性命，而施之百姓，使各自正之。老子云："清净为天下正。"**确乎能其事者而已矣。**确者，真确。能事，即孟子之良能。言人各禀大道，以为性命之正，天然自足，一毫人力不能与其间。今但使人人各悟性真，则恬淡无为自化矣，又何假有心为之哉？**且鸟高飞以避矰弋之害，鼷鼠深穴乎神丘**社坛也。**之下，以避熏凿之患，而曾二虫之无知？"**言鸟鼠二虫，天性自得，但人心以机械而欲取之，故高飞深藏而避之，而人曾谓二虫之无知乎？百姓天性，犹鸟鼠也，人君有心欲治之，能不惊而避之乎？外篇《马蹄》，痛发明此意。

此上二节，言治天下不可以有心，恃知好为，以自居其功。若任无为，而百姓自化。老子曰"我无为而民自化"，"清净为天下正"。若设法以制其民，不但不从，而且若鸟鼠而惊且避之也。

7.3　天根游于殷阳，地名。**至蓼水**水名。**之上，适遭**遇也。**无名人而问焉，曰："请问为天下。"无名人曰："去！女鄙人也，何问之不豫也。**豫者，从容安详之意。而问之太仓卒也。**予方将与造物者为人，**言任造化而为人，非有心于世也。**厌**厌，不欲也。**则又乘夫莽眇之鸟，**乃道之取譬也。

以出六极之外，而游无何有之乡，大道之乡。**圹埌**圹埌，谓无际也。**之野。汝又何帠**为音。**以治天下感**触也。**予之心为？”**无名责天根，问之仓卒而无礼也。言我虽处世，但顺造化而为人，乘化而游。若厌而不欲为人，则乘大道，而游于广大逍遥无为之境，又何以天下触我之心，而若此耶？**又复问，**天根又问，必愿闻其说也。**无名人曰：**无名因求教之切，故告之以正。**“汝游心于淡，**谓恬淡寂寞之境。**合气于漠，**漠，冲虚也。言合气于虚。**顺物自然**不可有心恃知妄为。**而无容私焉，**会万物以为己，大公均调，而无庸私焉。**而天下治矣。”**必如此而天下自治。

此一节，直示无为而化，治天下之妙。欲君人者，取法返乎上古无为之化也。

7.4　阳子居见老聃，曰：“有人假若有人。**于此，嚮**向也。**疾**捷也，谓向道敏捷也。**强梁，**勇为也。**物彻**事物透彻也。**疏明，**疏通明达也。**学道不倦。如是者，可比**及也。**明王乎？”老聃曰：“是于圣人也，**言如此之人，比于圣人者。**胥**胥靡之罪役也。**易**更番也。**技**工技之人。**系，**羁系于市肆也。**劳形怵心者也。**言向疾强梁之人，亦似胥役之罪夫，更番不暇，工役之系肆，劳苦形骸，惊惕其心者也。将此以比王，自苦不暇，安能治民乎？**且也虎豹之文来田，**言虎豹因皮有文，故招来田猎之灾。**猨狙之便、**捷也。**执斄**音狸。**之狗**言狗能执狸。**来藉，**藉，以绳系之也。言猨狙因便捷，故人得而系之，以教衣冠。狗能执狸，人得而系之，以充田猎。**如是者，可比明王乎？”**言若向疾之人可比明王，则猨狙与执狸之狗，亦可比明王矣。**阳子居蹴然**改容也。**曰：“敢问明王之治。”**言如是之人不可比明王，敢问如何是明王之治。**老聃曰：“明王之治，功盖天下而似不自已，**纵有功盖天下，而不自居其功。**化贷**贷者，与人之意。**万物**万物皆往资焉而不匮。**而民弗恃。**而民不知恃赖。**有莫举名，**名不可得而举称。**使物自喜。**但使物物自遂自喜，犹言“帝力何有于我”。**立乎不测，**不可测识。**而游于无有者也。”**不测、无有，通指大道之乡也。此全是老子为而不长、不宰之意。

此一节，发挥明王之治，皆申明老子之意，以示所宗立言之本极。称大宗师应世而为圣帝明王，以行无为之化也。

上言明王立乎不测，而游于无有，如此乃可应世，以治天下。但不知不测是如何境界，人亦有能可学而至者乎？故下撰出壶子，乃不测之人；所示于神巫者，乃不测之境界。列子见之而愿学，即其人也。

7.5　郑有神巫曰季咸，神巫，乃善相者，名季咸也。**知人之死生存亡、祸福寿夭，期以岁月旬日**言相人最验，刻期不爽。**若神。郑人见之，皆弃之而走。**言畏其灵验，恐说出不好之事，故皆走，不敢近也。**列子见之而心醉，**列子将以为神，故心醉服也。**归，以告壶子，**此乃列子之师也。**曰："始吾以夫子之道为至矣，则又有至焉者矣。"**意谓神巫超过壶丘子远矣。**壶子曰："吾与汝既其文，**言我之教汝者，但外面皮毛耳。既，尽也。**未既其实，**其道之真实处，全未示汝。**而**汝也。**固**将谓也。**得道欤？**汝将谓已得道欤？**众雌而无雄，而又奚卵焉？**言物有雌雄，乃能生卵。以比人有心对待，而相者乃见其祸福；若心能绝待，又何从而相之。如雌而无雄，又何卵焉？**而**汝也。**以道与世亢，**与人相比亢也。**必信夫，**以要人必信，故相亢以示己之长。**故使人得而相汝。**以不能忘己，要人知之，故人亦因得而相之也。**尝试与来，以予示之。"**若来以我示之，看彼能测我乎。**明日，列子与之见壶子，出而谓列子曰："嘻！**惊叹也。**子之先生死矣！弗活矣！不以旬数矣！**言不十数日即死矣。**吾见怪焉，**吾见怪之。**见湿灰焉。"**言面如湿灰，绝无生机也。**列子入，泣涕沾襟**以闻先生必死。**以告壶子，壶子曰："乡吾示之以地文，**此下三见，壶子示之安心不测之境，此即佛门之止观，乃安心之法也。地文，乃安心于至静之地，此止也。**萌**草之未出芽，曰萌。**乎不震**动也。**不正，**犹显示也。谓我安心于至静、一念不生、不动不显之地，即心念俱灰泯绝，故面如湿灰，无生机也。**是殆见吾杜**止也。**德机**犹生机也。**也。**言彼殆见我止绝生机，故将谓我必死也。**尝又与来。"**

命明日再来看。**明日，又与之见壶子，出而谓列子曰："幸矣！子之先生遇我也，有瘳矣！**言汝之先生幸遇我，可以不死，而疾有瘳矣。**全然有生矣！吾见其杜**绝也。**权**活动也。**矣！"**言我见其死而复活，乃有生机也。**列子入，以告壶子，壶子曰："乡吾示之以天壤，**天壤，谓高明昭旷之地，此即观也。**名实不入，**言性地光明，一切不存也。**而机发于踵，**踵，最深深处也。言自从至深静之地，而发起照用，如所云即止之观也。**是殆见吾善者机也。**言彼见吾善而不死者，以我示之以天机也。**尝又与来。"**再命明日更来。**明日，又与之见壶子，出而谓列子曰："子之先生不齐，**言精神恍惚，颜色不一。齐，一也。**吾无得而相焉。试齐，且复相之。"**言待精神一定，而复相之也。**列子入，以告壶子，壶子曰："吾乡示之以太冲**至虚之地。**莫胜，**言动静不二也。初偏于静，次偏于动。今则安心于极虚，动静不二。犹言止观双运，不二之境也。**是殆见吾衡**平也。**气机也。**言平等持心，动静不二，故气机亦和融而不测也。下壶子又讲明前所示者，乃三种观法，故彼莫测耳。**鲵**鳅鱼也。**桓**盘桓，言鳅鱼盘于深泥也。**之审**处也。**为渊，**渊，湛渊，乃止观之名。然鲵桓之所处于深泥，以喻至静，即初之止也。**止水之审为渊，**此喻观也。止水澄清，万象斯鉴，即次之天壤之观也。**流水之审为渊。**流水虽动，而水性湛然不动。此喻即动而静，即静而动，动静不二，平等安心，即末后"太冲莫胜"，止观不二也。**渊有九名，**言定有九种。**此处三焉。**言我示之者，乃三种定法也。

尝又与来。”明日，又与之见壶子，立未定，自失而走。壶子曰：“追之！”列子追之不及，返，以报壶子曰：“已灭矣，言去之已无踪影矣。**已失矣，**言即寻之，已不得见矣。**吾弗及矣。”**言我追之已不及已。**壶子曰：“乡吾示之以未始出吾宗。**宗者，谓虚无大道之根宗。安心于无有，了无动静之相，即佛氏之摄三观于一心也。**吾与之虚而委蛇，**言我安心于至虚无有之地，但以虚体而示状貌，委蛇随顺彼耳。**不知其谁何，**故彼不知其谁何也。**因以为弟靡，**言物之颓靡，难于收拾也。**因以为波流，**言精神浩荡，捉摸不定也。**故逃也。”**因此难测，故逃走耳。**然后列子自以为未始学，**初则列子未得壶子之真实，故以神巫为至。今见壶子所以示神巫者，虽善相卒莫能测识其端倪，到此方信壶子之道大难测，而始知自已从来未有学也。**而归，**辞壶子而归，立志造修也。**三年不出。**专一做工夫。**为其妻爨，**言列子初恃自已有道，以骄其妻，今能忘身，而为妻爨。**食豕如食人，**初未入道，而有人物分别之心，今则分别情忘。**于事无与亲，**言无心于事也。**雕琢复朴，**先以雕琢丧朴，今则还纯返朴矣。**块然**不识不知之貌。**独以其形立。纷而封哉，**封，即《齐物》之“有封”之“封”。谓受形骸，是于大化之中，乃立人我，横生是非，固执而不化者，犹有封之疆界也。而今乃知此形，为纷扰而封畛之也。**一以是终。**言列子竟此学，以终其身也。

此一节，因上言明王立乎不测，以无为而化，庄子恐世人不知不测是何等境界，为何等人物。故特撰出个壶子，乃其人也；即所示于神巫者，乃不测之境界也。如此等人，安心如此，乃可应世，可称明王，方能无为而化也，其他岂可仿佛哉？言此段学问，亦可学而至，只贵信得及，做得出。若列子，即有志信道之人也。此励世之心，难以名言矣。

上言壶子，但示其不测之境。下文重发挥应世之用。

7.6　无为名尸，尸，主也。言真人先要忘名，故戒其不可为名尸。**无为谋府，**智谋之所聚，曰谋府。言一任无心，不可以智谋为事也。**无为事任，**言不可强行任事。谓有担当，则为累为患；但顺事而应，若非己出者也。**无为知主。**知主，以知巧为主也。言顺物忘怀，不可主于智巧也。**体尽无穷**体，言体会于大道，应化无有穷尽也。**而游无朕。**朕，兆也。谓游于无物之初，安心于一念不生之地也。**尽其所受乎天，而无见得，**言但自尽其所受乎天者，全体不失，而亦未见有得之心也。**亦虚而已。**如此亦归于虚而已，言一毫不可有加于其间也。**至人之用心若镜，不将不迎，应而不藏，故能胜物而不伤。**至人用心，如明镜当台，物来顺照，并不将心要应；事之未至，亦不以心先迎。即物一至，妍丑分明，而不留藏妍丑之迹，了无是非之心。如此虚心应世，故能胜物，而物卒莫能伤之者，虚之至也。

已前说了真人如多情状、许多工夫，末后直结归“至人”已下二十二字。乃尽庄子之学问功夫，效验作用，尽在此而已，其余种种撰出，皆蔓衍之辞也。

内篇之意，已尽此矣。学者体认，亦不必多，只在此数语下手，则应物忘怀，一生受用不尽。此所谓逍遥游也。

7.7 南海之帝为倏，北海之帝为忽，中央之帝为浑沌。倏与忽时相与遇于浑沌之地，浑沌待之甚善。倏与忽谋报浑沌之德，曰：“人皆有七窍，以视听食息，此独无有，尝试凿之。”日凿一窍，七日而浑沌死。倏忽者，无而忽有，言人于大化最初，受形之始也。混沌，言虽俄尔有形，尚无情识，浑然沌然，无知无识之时也。及情窦日凿，知识一开，则天真尽丧，所谓“日凿一窍，七日而混沌死”也。《副墨》以倏为火，以忽为水，混沌为土，似有理，太犯穿凿。只如此解，则已。

此“倏忽”一章，不独结《应帝王》一篇，其实总结内七篇之大意。前言逍遥，则总归大宗师。前频言小知伤生、养形而忘生之主、以物伤生，种种不得逍遥，皆知巧之过。盖都为凿破混沌，丧失天真者。即古今宇宙两间之人，自尧舜以来，未有一人而不是凿破混沌之人也。

此特寓言，大地皆凡夫愚迷之人，概若此耳。以俗眼观之，似乎不经，其实所言，无一字不是救世愍迷之心也，岂可以文字视之哉？读者当见其心可也。即予此解，亦非牵强附合，盖就其所宗，以得其立言之旨。

但以佛法中人天止观而参证之，所谓天乘止观，即《宗镜》亦云：老庄所宗，自然清净无为之道，即初禅天通明禅也。吾徒观者，幸无以佛法妄拟为过也。

附　录

憨山绪言*

1. 有物者，不可以语道。夫万物纷纭，非有也。有之者，人也。人不有，则万物何有？凡有物者，必殉物；殉物者，几亡人；人亡矣，孰与道哉？物与人也，甚矣夫！

2. 忘物者，不足以致道。夫不有物者，达物虚；物虚，不假忘而忘矣。而云我忘物已，我忘物已，有所可忘，非真忘，故云不足以致道。

3. 沦虚者，未足以尽道。夫心不虚者，因物有，物虚而心自虚矣。心虚物虚，则心无而有；物虚心虚，则物有而无。如斯则又何滞哉？而必以虚为虚，取虚为极，是沦虚也，何尽道？

4. 忘与不忘俱忘，忘忘矣而必拘俱，忘忘矣，而不拘俱难。噫，至矣哉！安得无忘而无不忘，无俱而无不俱者，而与之

* 《憨山老人自叙年谱》三十一岁条，云："固留过冬，朝夕问道，为说绪言。"福征所作的《年谱疏》，云："在胡公馆所说《绪言》，信口信手，弥月而成。胡公命人录之成帙，即付梓工，请名'绪言'以行，实为发轫之著作。其中章法、句法，似拟《老子》；而立言大旨，则在教三道一。后此十四年，在牢山作《观老庄影响论》，实先后互发明也。"篇末附有傅光宅（1547—1604）的按语。

言忘俱耶？

5. 今夫致道者，在尘必曰动易体，出尘必曰静易造。以动易者，如实石火；以静易者，如可急流。石火似有，急流似停。易此者，是不达动静之原，生灭之本也。

6. 被物动者，我之招也。不有我，孰能动哉？观夫长风鼓于天地，木折，而窍号，于太虚何有焉？故至人无我，虚之至也。以其虚，故不动。

7. 心体原真，习染成妄。故造道之要，但治习；治习之要，纯以智。尝试观夫融冰者焉，火胜则冰易消，智深则习易尽。

8. 我信人不信，非人不信，信不及也。人信我不信，非我不信，不足信也。故我信信心，人信信言。言果会心，则无不信矣。

9. 铢两移千钧之至重，一私夺本有之大公。私也者，圆明之眚，生死之蒂也。是以得不在小，失不在大。圣人戒慎恐惧，不睹不闻之地。

10. 劳于利，劳于名，劳于功，劳于道。其劳虽同，所以劳，则异也。是以有利不有名，有名不有功，有功不有道。有道者，道成无不备。

11. 陆鱼不忘濡沫，笼鸟不忘理翰，以其失常思返也。人而失常，不思返，是不如鱼鸟也。悲夫！

12. 趣利者急，趣道者缓。利有情，道无味。味无味者，缓斯急也。无味，人孰味之？味之者，谓之真人。

13. 心本澄渊，由吸前境，浑浊其性，起诸昏扰，闷乱生恼。

推原其根，其过在著。

14. 一翳在眼，空华乱起；纤尘著体，杂念纷飞。了翳无华，销尘绝念。

15. 至细者大，至微者著。细易轻，微易忽。众人不识，圣人兢兢。由乎兢兢，故道大功著，万世无过。

16. 物无可欲，人欲之，故可欲。欲生于爱，爱必取，取必入，入则没。没则己小而物大，生轻而物重，人亡而物存。古之善生者，不事物，故无欲。虽万状陈前，犹西子售色于麋鹿也。

17. 吾观夫狎虎狼者，虽狎而常畏，恐其食己也，故常畏。色欲之于人，何啻虎狼哉？人狎而且玩，食尽而心甘，恬不知畏。过矣乎！虎狼食身，色欲食性。

18. 色欲之于人，无敌也。故曰：赖有一矣。若使二同，普天之人，无能为道者。吾意善敌欲者，最以智，助智以厌。厌则惧，惧则远，远则淡，淡则忘。忘之者，望形若偶人，视味如嚼蜡，何欲哉？

19. 难而易，易而难。众人畏难而忽易，圣人畏易而敬难。是以道无不大，德无不弘，功无不成，名无不立。

20. 世之皆以功名为不朽，谓可以心致，故劳心；谓可以形致，故劳形。且夫尽劳，而未必树，树而未必固。吁！去圣人孰能固哉？不固则朽，何固哉？吾谓不朽者，异夫是，知吾之不朽，不朽矣。

21. 荣名者跂名，荣位者跂位。既跂矣，辱何加焉。故曰：跂者不立。不立者无本，无本而名位之兢兢乎得失也，何荣哉？

22. 富不大，以其蓄，有蓄则有亡，故不大。贵不至，以其高，有高则有下，故不至。是知达人无蓄，故富莫大焉；无高，故贵莫至焉。

23. 藏迹者非隐，迹隐而心未必忘；冯名者非显，名显而道未必著。故隐非正，显非大。吾所谓隐显者，异乎是。吾所谓隐显者，隐于体而显于用也。体隐则廓尔太清，万境斯寂；用显则森然顿现，一道齐观。如斯则逆顺随宜，穷通一致矣。噫！处此者，博大真人哉！

24. 君父之命不可逃，况大命乎？尝试观夫负小技，而不达大命者。居常为失意，当分为弃时。故踔踶之心，愤激托言，而要乎世。噫！过矣！夫达士观之，犹人酣酒夜行，而射颡于柱。抱布鼓，而号救于天也。虽然，布鼓存焉，知命者不取。

25. 以机为密，非密矣；以道为密，密也。夫吾尝观夫弄弩者，岌岌然百发而数获，此善者也，而况不善者乎？善为道者，能宥物，不发，而物无所逃，故密莫大焉，劲莫至焉。

26. 天地循环，千变万化，死生有常，人莫之测。不测其常，狥物而亡。圣人返物，故乃昌。

27. 人弃我取，故人之所有，我不有；我之所有，人不有。人非不有，以其不知有，故不有。设知有，我何异哉？

28. 尘垢污指，必濯而后快。贪嗔害德，而不知祛，是视德不若一指也。指污有生，德害失性。

29. 负重者累，多知者劳。累久则形伤，劳极则心竭。殆己，所以殆者，事外也。是以重生者，事内不事外，循己不循人，志存不志亡。

30. 变通，难言也。人莫不以趣利避害为然，而吾实不然。亦有夫利害置前，而不可却者。变也，何通耶？众人随之，君子审之，圣人适之。适之则不有，以其不自有，故不有。

31. 人谓之盗物者为盗，非盗也；吾谓之盗心者为盗，确已夫。夫盗，盗物未必尽，有御必不入，设入必获，获则死无容，既死矣，奚盗哉？夫盗，盗心必尽失，御急而愈入，设获且生，而多又纵之，尤有诲之者，慎之哉！

32. 道盛柔，德盛谦，物盛折。是以柔愈强，谦愈光，折愈亡。古之不事物者，故乃长。

33. 密于事者心疏，密于心者事达。故事愈密，心愈疏；心愈密，事愈达。心不洗者，无由密。是以圣人，贵洗心，退藏于密。

34. 一刺在肤，侧掉而不安；众刺在心，何可安耶？刺肤肤溃，刺心心亡。

35. 大威可畏。观夫天地肃杀者，大威也。万物虽众，靡靡然孰能当之。故夫人有威者，承天也。天威至公，人威效公；天威爱物，人威主生。

36. 化人无功，化己有功。己果化，而人不化自化矣。征夫观德人之容，使人之意也消，信夫！

37. 治逆易，治顺难。逆有对，顺无知。故有知者，遇逆如甘露，畏顺如鸩毒，慎之至也。以其慎，故守不失。慎也者，成德之人欤！

38. 心体本明，情尘日厚，尘厚而心日昏矣。是以圣人用智不用情。故致道者，以智去情，情忘则智泯矣。忘情者，近道哉。

39. 智钜事微。善达事者，莫若智。故智之器，挫锐解纷无不利。尝试观夫片雪点红炉，清霜消烈日，以其胜之也。故自胜者，孰能御之？

40. 人以大巧，我用至拙；人巧以失，我拙以得。故善事道者，弃巧取拙，无不获。

41. 顺我者喜，逆我者怒，喜怒迭迁，好恶竞作，日益其过。推原其由，本乎不觉。不觉，即忘返也。

42. 恣口体，极耳目，与物矍铄，人谓之乐，何乐哉？苦莫大焉。隳形骸，泯心智，不与物伍，人谓之苦，何苦哉？乐莫至焉。是以乐苦者苦日深，苦乐者乐日化。故效道之人，去彼取此。

43. 天地不劳而成化，圣人以劳而成功，众人因劳而遂事。事遂者逸，功成者退。故曰：功成、事遂、身退，天之道。多财者骄，高位者慢，多功者伐，大志者狂，胜才者傲，厚德者下，实道者随。

44. 不了假缘，横生取舍。识风鼓扇，浩荡不停。如海波澄，因风起浪，风若不起，波浪何生？识若不生，万缘何有？故致道者，不了即生，了即无生也。善哉！

45. 源不远，流不长；道不大，功不固。是以圣人，德被群生，功流万世，以其道大也。有大道者，孰能破之？

46. 目容天地，纤尘能失其明；心包太虚，一念能塞其广。是知一念者，生死之根，祸患之本也。故知几知微，圣人存戒。

47. 自信者，人虽不信，亦信之矣；不自信者，人虽信，亦不信之矣。故自信敦诚，人信易欺。诚者日精，欺者日沦。智照识惑，惑起千差，照存独立。故致道者，以照照惑，贵智不贵识。

48. 观夫市人莽行，失足于洼，然必惕然挥臂以自誓者，为嫌其污屦也。今夫人者，处下德而晏然，不惕不誓，是自短于市人，而土苴其道德也，悲夫！

49. 人皆知变之为变，而为之变，而不知变有不变者存焉。苟知其不变，则变不能变之矣；苟不知其不变，虽无变何尝不变哉？请试观夫圣人，身循万有，潜历四生，纭纭并作，而无将无迎者，是处其不变而变之也，何变哉？若夫人者，形若槁木，而心若飏尘，物绝迹而犹呻吟，是无变也，何尝不变哉？

50. 寝息坐卧，所以逸身也；止绝攀缘，所以逸心也。身逸者志堕，心逸者志精。故养道者，忘形师心道乃贞。

51. 天地大，以能含成其大；江海深，以善纳成其深；圣人尊，以纳污含垢成其尊。是以圣人，愈容愈大，愈下愈尊。故道通百劫，福隆终古，而莫之争。

52. 视民为吾民，善善恶恶，或不均；视民为吾心，慈善悲恶，无不真。故曰：天地同根，万物一体，此之谓同仁。

53. 见色者盲，见见者明；闻声者聋，闻闻者聪。是以全色全见，尽声尽闻，无不融。声色俱非，见闻无住，此之谓大通。

54. 众念纷纷不止，无以会真。若以众念止众念，则愈止愈不止矣；若以一念止众念，则不止而自止矣。吾所谓一念者，无念也。能观无念，不妨念念，而竟何念哉？虽然，实无念者，赘也，夫曾不知其为橛也。

55. 心体元虚，妄想不有。若了妄不有，虽有而不有也；不了妄不有，虽不有犹有之也。故妄想如空花，其根在眼眚。了眚花不无，空体常寂灭。

56. 夫平居内照似有，及涉事即无者，直以心境未融，前尘未了，而为留碍也。故造道者，不了前尘，纵心想俱停，犹为趣寂，故于至道不取。

57. 体寂用照。用不失体，即照而寂；体不离用，即寂而照。是以体寂若太虚，用照如白日，故万变无亏，无幽不鉴。

58. 前无始，后无终。万劫一念，六合一虚；人物齐轨，大小同状；昼夜不变，死生不迁。此之谓常。然体此者，似人而天，谁为之愆。

59. 事小理大，事有千差，理唯一味。善理者，即事无外，隐显存亡莫之二。是以至人，愈动愈静，无不寓。

60. 不可以无心得，不可以有心求。有心执有，无心著无。是二俱非，则超然独立。所以大人无对者，以其无可当情也。

61. 念有物有，心空法空。是以念若虚镕，逢缘自在；心如圆鉴，来去常闲。善此者不出寻常，端居妙域矣。

62. 大忘，不忘无不忘。用意忘者，愈忘愈著。执著者，未喻道。果喻道，何不忘耶？故曰：鱼相忘于水，人相忘于道。

63. 游鱼不知海，飞鸟不知空，凡民不知道。藉若知道，岂为凡民哉？吾意善体道者，身若鱼鸟，心若海空，近之矣。

64. 一动一静，一语一默，扬眉瞬目，或饮与啄，左之右之，无时不察。察久念裂，划然自得，自得者自知，人莫之识。

65. 天地之功，不舍一草；沧海之润，不弃一滴；圆明之体，不离一念。是知一念之要，重矣夫！

66. 真心至大，此身至微。是以明真心者，返观此身，犹若片云浮于太清，任往任来，翛然无寄。由无寄故，处世若寄焉。

67. 为有为，无能为；为无为，能有为。是以圣人无为而无不为也。吾所谓圣人无为者，盖即为而不有其为，非若寒灰枯木，而断然不为也。

68. 太虚游于吾心，如一沤在海。况天地之在太虚乎？万物之在天地乎？此身之在万物乎？外物之在此身乎？嘻。眇小哉！以其小故大。

69. 天地寂，万物一。守寂知一，万事毕。处此道者常不忒，以其不忒，故作做云为，俱不失。不失者，谓之真人。

70. 超然绝待，大同也。夫不同，则物我二；物我二，则形敌生。有形敌者，待莫甚焉，何绝哉？吾意善致道者，贵两忘。两忘，则物我一；物我一，则形敌忘。形敌既忘，谁待哉？绝待故大，大故同。大同者，谓之圣人。故曰：会万物而为己者，其唯圣人乎！

71. 山河大地，一味纯真；心若圆明，天地虚寂。故达此者，外触目无可当情，中返观了无一物。如斯则空，空绝迹，物物徒云，身寄寰中，心超象表矣。

72. 静极则心通，言忘则体会。是以通会之人，心若悬鉴，口若结舌，形若槁木，气若霜雪。嘻！果何人斯，愿与之游也。

73. 其形似拘拘，其中深而虚虚。眼若不见，耳若不闻，昏昏闷闷，人望之而似痴，若亡人而不知偶谁，吾请以为师。

74. 世间所有，杳若梦存。梦中不无，觉后何有？故不觉何以超有，不超有何以离世。吾所谓离世者，非离世，离世在即世而离世也。即世而离世者，谓之至人。

75. 知有为始，极尽为终。策知以智，运极以权。权也者，涉有也。涉有处变，古有万变而不失其正者，根本存焉。今夫不本而夸善变者，是由自缚而解人，人见而必唾，虽孺子大笑之。

76. 直达谓之顿，密造谓之渐。直达诣真，密造除伪。真不诣，伪不除；伪不除，真不极。由是观夫伪也者，真之蔽欤！道之害欤！德之累欤！

77. 圆融该摄，广大交彻；全事全理，隐显莫测；一多互含，多一互入；举一通收，不妨罗列；小大不殊，凡圣不隔；常泯常照，常起常寂；心不可思，言不可议；日用寻常，曾无欠阙；常在其中，不劳途涉。此之谓至极。

78. 大言载道，小言载名，至言忘言。载名者近，载道者远，忘言者通。是故近则易亲，远则易毁，通则莫测。以其至，故莫测。居莫测者，谓之神化。

79. 孤掌不鸣，不虚无响，绝待无言。由是观之，言者有待而然也。虽然，言言于无言，言即无言矣。无言者，言之不及也。吾意善得无言者，在遗言，言既遗，而无言者得矣，何言哉？

聊城傅光宅曰：世之谓子书者，则老庄非其至乎。老言简而意玄，庄语奇而思远，后之谈道者归焉，荀杨而下，未足拟也。兹《绪言》将非老庄之伦耶。其为文，俊伟明洁，而其意旨，难以名言，或老庄犹有所未及耶。

疑者曰：子是过矣，老庄何可及也。

余曰：老庄诚不可及也。乃所称谷神和同，与疑始玄珠之类，则似有言而未尽，又似欲言而难于言者，道信无穷极也。西方圣人，无法可说，而有说法，言之尽矣。故观老庄，而知诸子未尽也；观西方圣人，而知老庄未尽也。《绪言》则旨出于西方圣人，而文似老庄者也，故曰“或老庄犹有所未及也”。然是亦有言也，有言则绪也，故以《绪言》名。即其言，而求其所不言，是存乎人矣。不然，谓憨山今人也，《绪言》何奇哉，岂唯不及老庄，亦复不及诸子。

崇文学术文库·西方哲学

01. 靳希平 吴增定 十九世纪德国非主流哲学——现象学史前史札记
02. 倪梁康 现象学的始基：胡塞尔《逻辑研究》释要（内外编）
03. 陈荣华 海德格尔《存有与时间》阐释
04. 张尧均 隐喻的身体：梅洛-庞蒂身体现象学研究（修订版）
05. 龚卓军 身体部署：梅洛-庞蒂与现象学之后
06. 游淙祺 胡塞尔的现象学心理学
07. 刘国英 法国现象学的踪迹：从萨特到德里达 [待出]
08. 方红庆 先验论证研究
09. 倪梁康 现象学的拓展：胡塞尔《意识结构研究》述记 [待出]
10. 杨大春 沉沦与拯救：克尔凯郭尔的精神哲学研究 [待出]

崇文学术文库·中国哲学

01. 马积高 荀学源流
02. 康中乾 魏晋玄学史
03. 蔡仲德 《礼记·乐记》《声无哀乐论》注译与研究
04. 冯耀明 "超越内在"的迷思：从分析哲学观点看当代新儒学
05. 白 奚 稷下学研究：中国古代的思想自由与百家争鸣
06. 马积高 宋明理学与文学
07. 陈志强 晚明王学原恶论
08. 郑家栋 现代新儒学概论（修订版）[待出]
09. 张 觉 韩非子考论 [待出]
10. 佐藤将之 参于天地之治：荀子礼治政治思想的起源与构造

崇文学术·逻辑

1.1 章士钊 逻辑指要
1.2 金岳霖 逻辑
1.3 傅汎际 译义，李之藻 达辞：名理探
1.4 穆 勒 著，严复 译：穆勒名学
1.5 耶方斯 著，王国维 译：辨学
1.6 亚里士多德 著：工具论（五篇 英文）
2.1 刘培育 中国名辩学
2.2 胡 适 先秦名学史（英文）
2.3 梁启超 墨经校释
2.4 陈 柱 公孙龙子集解
2.5 栾调甫 墨辩讨论
3.1 窥基、神泰 因明入正理论疏 因明正理门论述记（金陵本）

崇文学术译丛·西方哲学

1.〔英〕W. T. 斯退士 著，鲍训吾 译：黑格尔哲学
2.〔法〕笛卡尔 著，关文运 译：哲学原理 方法论
3.〔德〕康德 著，关文运 译：实践理性批判
4.〔英〕休谟 著，周晓亮 译：人类理智研究
5.〔英〕休谟 著，周晓亮 译：道德原理研究
6.〔美〕迈克尔·哥文 著，周建漳 译：于思之际，何所发生
7.〔美〕迈克尔·哥文 著，周建漳 译：真理与存在
8.〔法〕梅洛-庞蒂 著，张尧均 译：可见者与不可见者[待出]

崇文学术译丛·语言与文字

1.〔法〕梅耶 著，岑麒祥 译：历史语言学中的比较方法
2.〔美〕萨克斯 著，康慨 译：伟大的字母[待出]
3.〔法〕托里 著，曹莉 译：字母的科学与艺术[待出]

中国古代哲学典籍丛刊

1.〔明〕王肯堂 证义，倪梁康、许伟 校证：成唯识论证义
2.〔唐〕杨倞 注，〔日〕久保爱 增注，张觉 校证：荀子增注[待出]
3.〔清〕郭庆藩 撰，黄钊 著：清本《庄子》校训析
4. 张纯一 著：墨子集解

唯识学丛书（26种）

禅解儒道丛书（8种）

徐梵澄著译选集（6种）

西方哲学经典影印（24种）

西方科学经典影印（7种）

古典语言丛书（影印版，5种）

西方人文经典影印（30多种，出版中）

出品：崇文书局人文学术编辑部
联系：027-87679738，mwh902@163.com

我思®
敢于运用你的理智